HÉROES CAÍDOS:
Líderes Africanos Cuyos Asesinatos Desorganizaron el Continente y Beneficiaron Intereses Extranjeros

Janvier T. Chando

TISI BOOKS

NUEVA YORK, RALEIGH, LONDRES, AMSTERDAM

PUBLICADO POR TISI BOOKS

ISBN-13: 979-8-62-891852-4

ISBN-10: 8-62-891852-3

PUBLICADO POR TISI BOOKS

www.tisibooks.com

NUEVA YORK, RALEIGH, LONDRES, AMSTERDAM

Impreso en los Estados Unidos de América

Títulos de No Ficción de Janvier T. Chando

ÍCONOS Y VILLANOS: Los Asesinatos Políticos Recientes que Transformaron...
HÉROES CAÍDOS: Líderes Africanos Cuyos Asesinatos Desarraigaron...
CAMEROUN: El Sistema Disfuncional de Francia en África…
UCRANIA: El Tira y Afloja entre Rusia y Occidente
CAMERÚN: El Corazón Embrujado de África

Títulos de Ficción de Janvier Chando

El Usurpador: y Otras Historias
Triple Agente, Doble Cruz
Discípulos de Fortuna
La Unión Moujik
Cometas Espléndidos
Destello del Sol
Llamadas de Fortuna
Maestro de la Fortuna
Los Niños de la Fortuna
Estar Enamorado y Ser Sabio
La Leyenda del Fuego y el Hielo
La Locura Mas Dulce
Las Abuelas
El Fuego del Hambre
Las Sombras de Fuego
Padre e Hijos
El Doctor
Sombras Oscuras
Lazos Fatídicos
El Veredicto de Hades
El Juicio de Su Majestad
La Locura de Ngoko
El Usurpador
La Dote
Soy Odiado
El Patán

Próximos Títulos de Janvier Chando

Los Vagabundos Caseros
Los Amigos Mortales
Los Osos de Norilsk
El Halcón Blanco

Epígrafe

"El destino es algo que solo podemos contemplar; pero el sino, podemos influir."
—CHRISTOPHER NKWAYEP-CHANDO

DEDICACIÓN

El libro está dedicado a todos los líderes icónicos y legendarios de África cuyo propósito era servir a las personas y al mundo y promover el bienestar de la humanidad, especialmente aquellos que no lograron cumplir sus misiones históricas porque fueron asesinados por las fuerzas malvadas de este mundo.

AGRADECIMIENTO

Mi más profundo, cálido y eterno agradecimiento al Dr. Samuel F. Tchwenko y Christopher N. Chando por desafiarme en el camino de mejorar la humanidad.

HÉROES CAÍDOS:
Líderes Africanos Cuyos Asesinatos Desorganizaron el Continente y Beneficiaron Intereses Extranjeros

CONTENIDO

MAPAS

Mapa Político de los Países Africanos

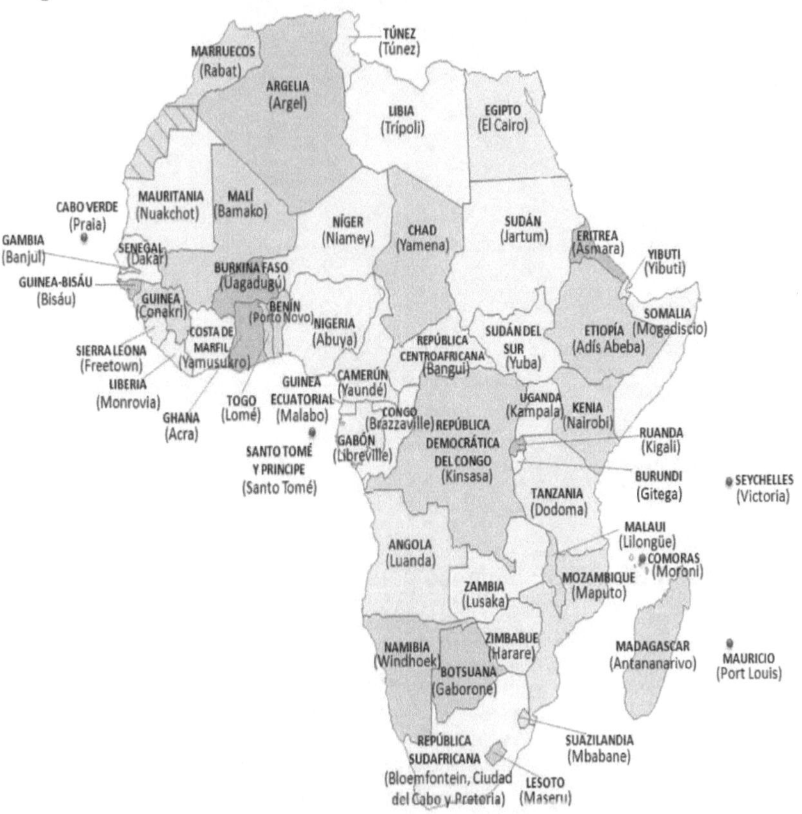

Mapa de Partición de África: 1884-1914

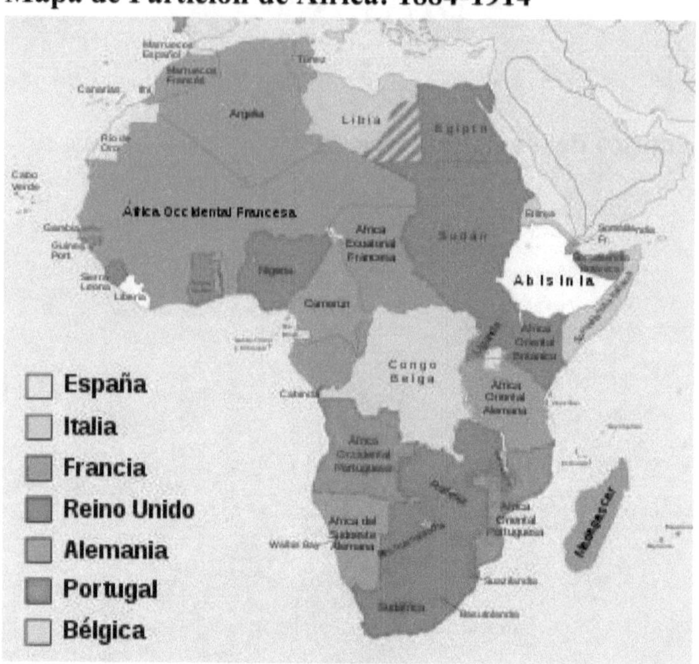

La independencia de los países africanos

Calificaciones de Democracia de los Países Africanos

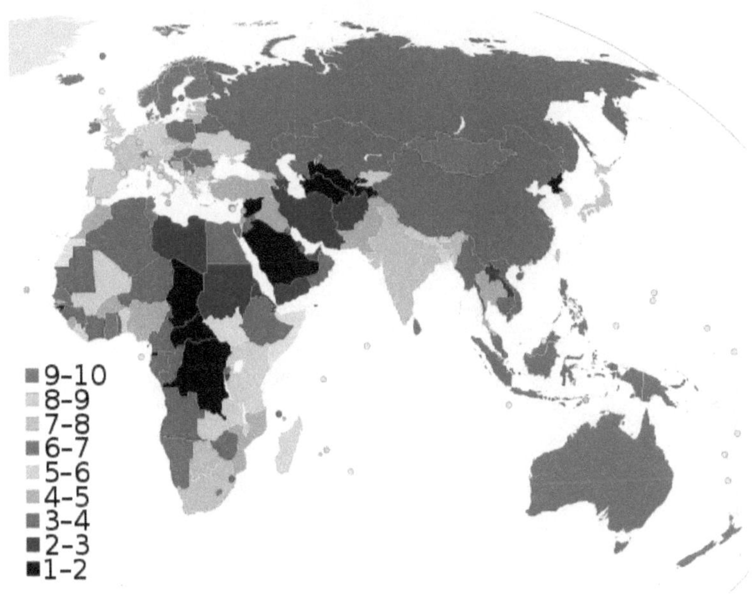

La Medida de Libertad de los Países del Mundo

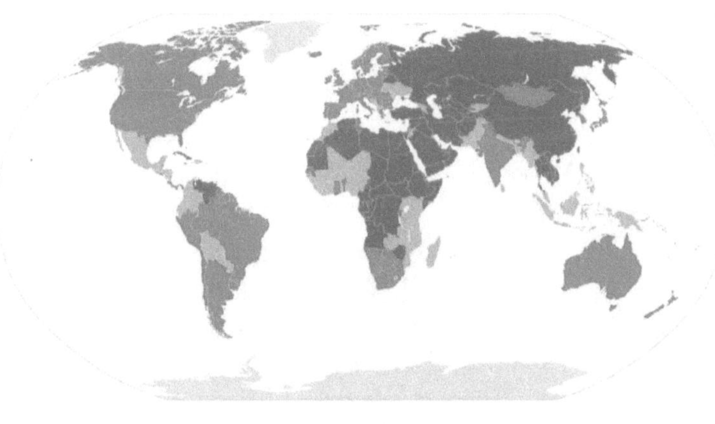

CITAS

El uso de asesinatos políticos contra líderes clave de los movimientos de liberación ha tenido un gran impacto en el curso de la historia en África y Oriente Medio. No solo han asesinado a algunos de los más grandes líderes del Tercer Mundo, sino que también la esperanza de un cambio político que ellos encarnen.

Victoria Brittain

PROLEGÓMENO

Ningún continente sufrió los horrendos efectos de la esclavitud tanto como África; ningún continente fue violado por el colonialismo tan mal como la tierra que es la cuna de la civilización; y ningún continente ha sido explotado y está siendo explotado como el segundo más grande y segundo continente más poblado del mundo. Cuando consideramos el hecho de que el continente Africano tiene más recursos que los demás; cuando digerimos la cruda realidad de que es la extensión de tierra continua menos desarrollada en comparación con otras partes del mundo; y cuando observamos que está atormentado por una desconexión increíble entre las élites gobernantes y las masas, nos enfrentamos a muchas preguntas inevitables como:

- ¿Por qué África está en un estado tan patético?

- ¿Es incapaz el continente de encontrar líderes que puedan liberarlo de su actual estancamiento y consenso inútil, y luego llevarlo a un futuro que promueva el bienestar del pueblo Africano?

- ¿Son los Pan-Africanistas (Africanos que se dedican desinteresadamente al bienestar y el desarrollo de la tierra y su gente) capaces de sacudir a sus pocos dictadores indígenas y a las fuerzas que controlan a los títeres Africanos — los liderazgos políticos y los

> establecimientos políticos establecidos por potencias extranjeras e intereses extranjeros, a fin de lograr la tan esperada realidad de una "Nueva África" que está económicamente unida, integrada políticamente y que controla su soberanía?

El primer párrafo de alguna manera responde a la primera pregunta. Las respuestas a la segunda y tercera preguntas son afirmativas debido a las razones obvias. Los líderes Pan-Africanistas dominaron la historia de África en las décadas de 1950 y 1960, y muchos de ellos fueron asesinados por las potencias coloniales y ex coloniales o sus agentes. De hecho, seis líderes independentistas Africanos fueron asesinados por sus ex-gobernantes coloniales entre 1961 y 1973.

Si no fuera tristemente cierto, la lista de los líderes asesinados de los movimientos de independencia Africanos y las historias detrás de sus muertes o asesinatos serían un éxito de ventas de espionaje.

La primera prueba importante de matar al líder de un movimiento de independencia Africano comenzó en Camerún tras el regreso al poder del general Charles De Gaulle en Francia en Junio de 1958. Estamos hablando del asesinato del 13 de Septiembre de 1958 de Rubén Um Nyobe. Fue el líder de la "Unión de las Poblaciones de Camerún" (UPC— *Union des Populations du Cameroun*), un partido político cívico-nacionalista que abogaba por la reunificación e independencia del Camerún Francés y el Camerún Británico (territorios del antiguo Kamerun Alemán que estaba dividido entre Francia y Gran Bretaña tras la derrota de Alemania en la Primera Guerra Mundial).

Camerún sufrió otro asesinato traumatizante dos años después del horrible asesinato político de Um Nyobe. Este fue el asesinato del sucesor de Ruben Um Nyobe y segundo líder de la UPC, el Dr. Félix Moumie. Murió el 3 de Noviembre de 1960 en Ginebra, Suiza, por envenenamiento por talio que el agente secreto Francés William Bechtel administró durante la cena en un restaurante de la ciudad suiza. El Francés se había ganado la confianza del Camerunés haciéndose pasar por periodista.

Luego estaría Patrice Lumumba, el primer ministro del nuevo Congo independiente, el cruelmente violado ex Congo Belga que desde 1885-1908 fue conocido como "El Estado Libre del Congo", esencialmente la posesión privada del rey Belga Leopoldo II, donde más que La mitad de la población murió por los efectos de la explotación de los recursos de la tierra. La muerte de Lumumba que involucra a cuatro países occidentales importantes y sus agentes en el Congo es la principal causa de la enfermedad crónica de ese país, que al igual que Camerún, aún no se ha recuperado del trauma que sufrió durante los primeros años de su llamada independencia.

Sylvanus Olympio, el líder de Togo, sería asesinado en 1963, apenas dos años después del asesinato de Patrice Lumumba.

La muerte de Sylvanus Olympio sería seguida poco después por la de Mehdi Ben Barka, el líder del movimiento de oposición Marroquí que fue secuestrado en Francia en 1965, nunca fue liberado y cuyo cuerpo no se ha encontrado desde entonces.

Eduardo Mondlane, el líder del FRELIMO de Mozambique, que luchaba por la independencia de la colonia del dominio Portugués, moriría de una bomba de paquetería en 1969.

El asesinato en 1973 de Amilcar Cabral, el líder del Partido Africano por la Independencia de Guinea y Cabo Verde (Partido Africano da Independência da Guiné e Cabo Verde o PAIGC), el movimiento de liberación de África Occidental contra el dominio colonial Portugués en Guinea Bissau y Cabo Verde, anunciaría la transición a una nueva fase de neocolonialismo dominado por dictadores títeres en el continente que enfrentarían poco o ningún rechazo del Pan-Africanista, excepto en el caso de Guinea Bissau, Angola, Mozambique, Namibia y Sudáfrica bajo el dominio colonial Portugués y bajo el apartheid Sudáfrica respectivamente.

En las últimas seis décadas, ha habido varios otros asesinatos traumatizantes contra figuras políticas progresistas Africanas. Sin embargo, los siguientes han sido los más reverberantes, con consecuencias imprevistas, ya que el legado de estos héroes Africanos derribados se está expandiendo cada día para convertirse en la base del renacimiento del Pan-Africanismo, el ideal en torno al cual la unión económica y la integración política de África se realizarán.

Capítulo Uno

Patrice Lumumba

Siria es lo suficientemente mala, es una atrocidad bastante terrible. Pero hay muchas peores atrocidades en el mundo. Entonces, por ejemplo, las peores atrocidades en la última década han sido en el Congo, el este del Congo, donde quizás 5 millones de personas han sido asesinadas.

Noam Chomsky — 8 de Octubre de 2013

CITAS DE PATRICE LUMUMBA

"A los colonialistas no les importa nada África por su propio bien. Se sienten atraídos por la riqueza Áfricana y sus acciones están guiadas por el deseo de preservar sus intereses en África frente a los deseos del pueblo Áfricano. Para los colonialistas, todos los medios son buenos si los ayudan a poseer estas riquezas."

"Llegará el día en que la historia hablará. Pero no será la historia la que se enseñará en Bruselas, París, Washington o las Naciones Unidas ... África escribirá su propia historia y, tanto en el norte como en el sur, será una historia de gloria y dignidad."

"La independencia política no tiene sentido si no va acompañada de un rápido desarrollo económico y social."

"Sin dignidad, no hay libertad, sin justicia, no hay dignidad, y sin independencia, no hay hombres libres."

"Un mínimo de comodidad es necesaria para la práctica de la virtud."

"Lo único que queríamos para nuestro país es el derecho a una vida digna, a la dignidad sin pretensiones, a la independencia sin restricciones. Este nunca fue el deseo de los colonialistas Belgas y sus aliados occidentales..."

"Estas divisiones, que las potencias coloniales siempre han explotado para dominarnos mejor, han desempeñado un papel importante, y siguen desempeñando ese papel, en el suicidio de África."

"Sabemos que África no es francesa, ni británica, ni estadounidense, ni rusa, que es Áfricana. Conocemos los objetos de Occidente. Ayer nos dividieron en el nivel de una tribu, un clan y una aldea... Quieren crear bloques antagónicos, satélites ..."

"Nadie es perfecto en este mundo imperfecto."

"La unidad y la solidaridad Áfricanas ya no son sueños. Deben expresarse en decisiones."

"La liberación de las mentes del pueblo Africano será una batalla más dura que la erradicación de los regímenes coloniales de colonos."

Congo en el Mapa del Mundo

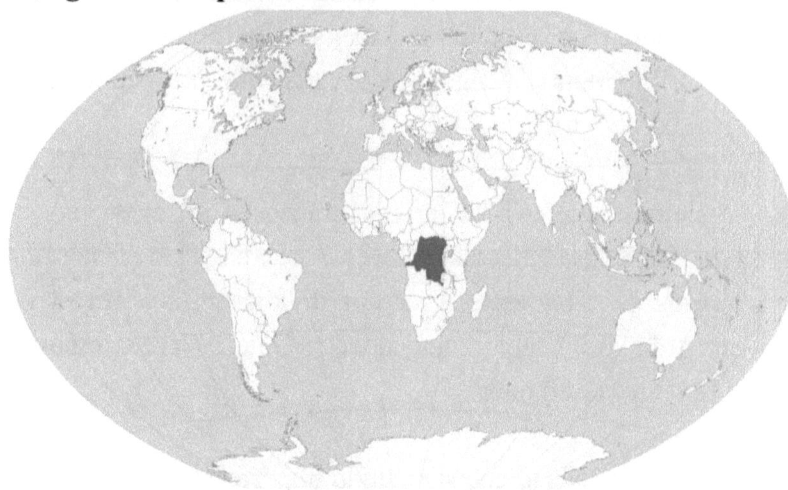

Mapa Administrativo del Congo (1960)

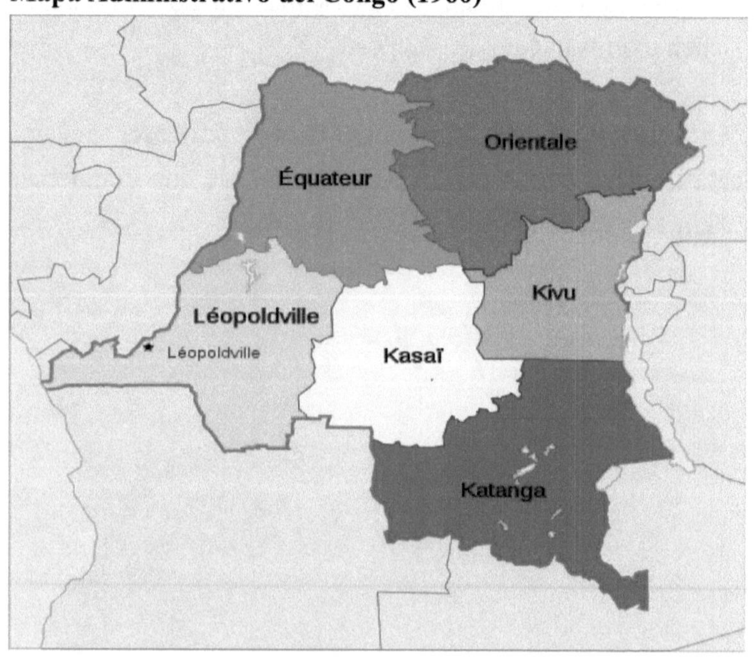

Mapa Administrativo de la República Democrática del Congo (2019)

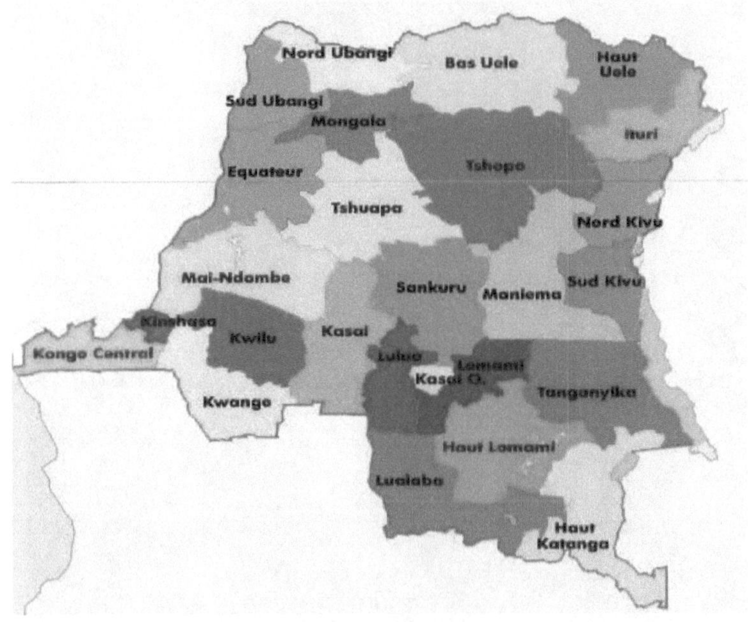

Los Recursos Naturales de la Región Centro-Africana

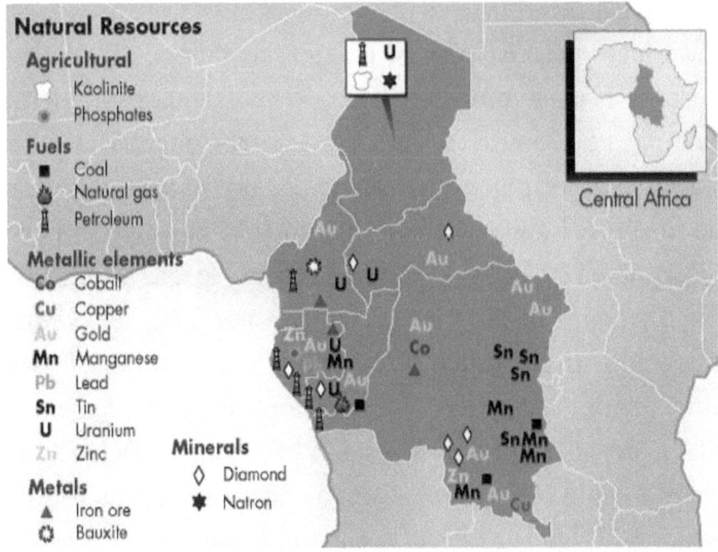

Patrice Lumumba poco antes de su Muerte

El asesinato del 17 de Enero de 1961 de Patrice Lumumba, el primer primer ministro elegido democráticamente de lo que hoy es la República Democrática del Congo (RDC), es considerado por muchos Africanos como "el asesinato más importante del siglo XX" porque no solo destruyó el país, pero también polarizó y paralizó África, lo que resultó en una desunión de la que el continente aún no se ha recuperado. Este crimen atroz fue la culminación de dos complots de asesinatos interrelacionados por elementos dentro de los gobiernos estadounidense y Belga que hicieron uso de cómplices Congoleños y un escuadrón de ejecución Belga para llevar a cabo el asesinato del líder de esta nación naciente en el corazón de África que acaba de independizarse de Bélgica el 30 de Junio de 1960.

Los historiadores, sociólogos y expertos geopolíticos coinciden en que el Congo es el país más traumatizado de África y el mundo, y que de todas las atrocidades que el Congo experimentó en su historia de abuso, el asesinato de Patrice Lumumba fue el acto más cruel. De hecho, se considera correctamente como el pecado original del país.

El asesinato tuvo lugar menos de siete meses después de la independencia de este territorio que ocupa el 7. 7% de la masa continental de África. El acto se transformó en un obstáculo para la esperanza de implementar los altos ideales de la unidad nacional Congoleña, la prosperidad material, la democracia, la independencia económica, la libertad y la solidaridad Pan-Áfricana que Lumumba había estado defendiendo. Lo que no se puede pasar por alto en particular es el hecho de que su asesinato sirvió como un golpe demoledor para las esperanzas, sueños y aspiraciones de millones de Congoleños, y desilusionó a un número aún mayor de Africanos en todo el continente.

El hecho de que una de las universidades más grandes de la Unión Soviética, la Universidad de la Amistad de los Pueblos de Rusia, que se fundó el 5 de Febrero de 1960, pasó a llamarse "La Universidad Patrice Lumumba" el 22 de Febrero de 1961, y el hecho de que esta institución de educación superior Luego educó a cerca de cien mil extranjeros, la mayoría Africanos, destaca la importancia histórica de la muerte del joven Áfricano en África y el resto del mundo durante la Guerra Fría.

Como resultado, la importancia histórica del asesinato

radica en una multitud de factores, de los cuales los más relevantes en ese momento se basaron en:

- el contexto global en el que tuvo lugar (el presidente Eisenhower autorizó el asesinato y la CIA llevó a cabo su secuestro y traslado; las Naciones Unidas, su Secretario General Dag Hammarskjöld, la Unión Soviética y el M16 Británico estuvieron involucrados en la tragedia); y los Belgas dirigieron su asesinato y el de sus dos socios antes de deshacerse de los cuerpos desenterrándolos y disolviéndolos en ácido sulfúrico, y luego moliendo y esparciendo los huesos)
- su impacto en la política Congoleña desde entonces,
- y el legado general de Lumumba como líder cívico-nacionalista e ícono Pan-Áfricanista. Después de todo, él estaba trabajando con Félix Moumié, el líder del movimiento de liberación de Camerún que el Servicio Secreto Francés (SDECE) envenenó en Ginebra, Suiza, el 3 de Noviembre de 1960.

****

Una pregunta que ha prevalecido en la esfera geopolítica es esta:

¿Por qué Estados Unidos, Gran Bretaña, Francia y Bélgica se involucraron en el asesinato del primer líder democráticamente elegido del Congo?

Todo comenzó en Abril de 1884, siete meses antes del Congreso de Berlín, cuando los Estados Unidos de América se convirtieron en el primer país del mundo en reconocer las reclamaciones del Rey Belga Leopoldo II a los territorios de la cuenca del Congo. Estos territorios se conocieron como el Estado Libre del Congo. El Rey Leopoldo II lo gobernó como su propiedad privada, haciendo uso de un pequeño grupo de administradores blancos que provenían de toda Europa.

Mapa de Partición de África: 1884-1914

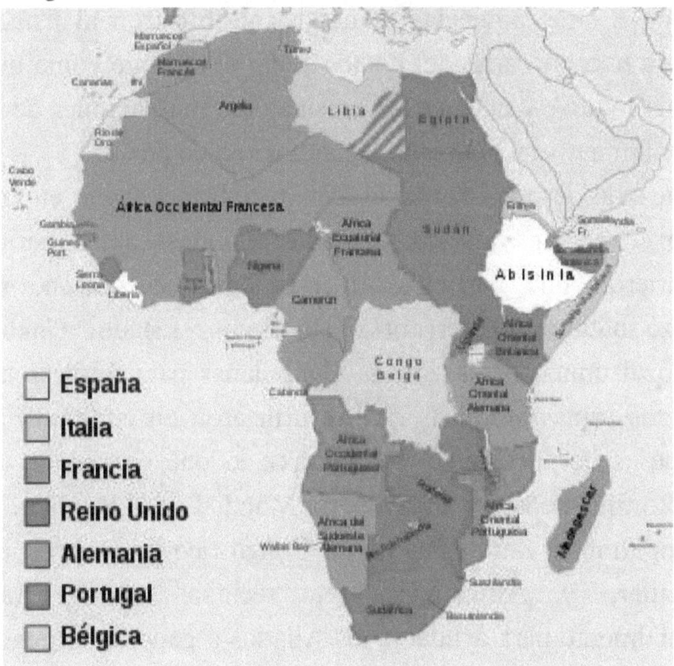

El Estado Libre del Congo convirtió al Rey Leopoldo en uno de los monarcas más ricos del mundo, un logro descomunal dado el hecho de que él era el Rey de Bélgica, que era un país tan pequeño en el vecindario de poderosas entidades geopolíticas como los Británicos, alemanes y Rusos y los Imperios Austrohúngaros. Pero la riqueza del Rey Belga fue acumuló a un costo enorme para la población Áfricana nativa que se vio obligada a proporcionar mano de obra no remunerada que no era diferente de la esclavitud, en la explotación de los recursos minerales, forestales y agrícolas de la tierra para el monarca Belga. Sin embargo, cuando las atrocidades relacionadas con la brutal explotación económica en el Estado Libre del Congo del Rey Leopoldo causaron millones de muertes, los Estados Unidos de América se unieron a otras potencias mundiales y obligaron al Estado Belga a hacerse cargo del Estado Libre del Congo como una colonia regular y detener los asesinatos y mutilaciones de la población nativa Congoleña, un genocidio de por sí.

Fue solo después de que el Congo se transformara en una colonia regular que los Estados Unidos de América adquirieron una participación estratégica en la enorme riqueza natural del territorio. De hecho, Estados Unidos utilizó el uranio de las minas Congoleñas para fabricar las primeras armas atómicas que se utilizaron en las ciudades Japónesas de Hiroshima y Nagasaki, lo que condujo a un abrupto final de la Segunda Guerra Mundial en el Pacífico.

La importancia estratégica de un Congo rico en recursos en particular, y África rica en recursos en general, especialmente para ayudar a los Aliados a ganar la Segunda Guerra Mundial, se convirtió en una maldición cuando el continente buscó la independencia de sus amos coloniales. Esto fue en un momento en que la Guerra Fría dominaba la geopolítica. Estados Unidos y sus aliados occidentales decidieron dar a las colonias independencia todo bien, pero no el tipo de independencia que el resto del mundo conocía. Las potencias occidentales no estaban preparadas para permitir que el pueblo de las colonias Áfricanas tuviera un control efectivo sobre las materias primas estratégicas en sus territorios, por temor a que estos activos pudieran caer en manos de los países de los campos Soviéticos y comunistas. Esa fue la razón por la cual los intereses occidentales percibieron una amenaza en la determinación de Patrice Lumumba de lograr una verdadera independencia para el Congo y obtener el control total sobre los recursos del país para su uso en el desarrollo de la nación naciente y en la mejora de las condiciones de vida del pueblo Congoleño.

Los Recursos Naturales de la Región Centro-Áfricana

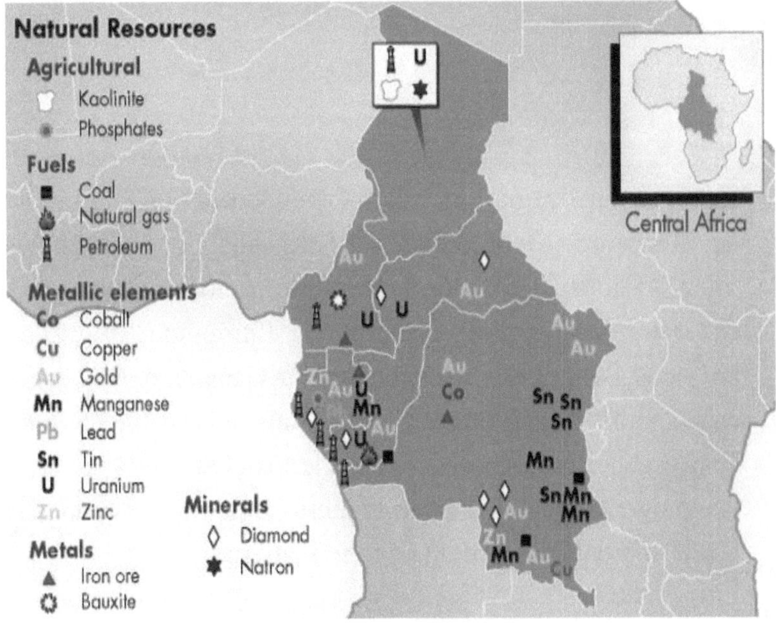

Para detener a Patrice Lumumba, los Estados Unidos de América y Bélgica no dejaron piedra sin remover, incluido el uso de la Secretaría de las Naciones Unidas bajo Dag Hammarskjöld y Ralph Bunche, la compra del apoyo de los rivales Congoleños de Lumumba, el silenciamiento de algunos líderes Africanos que apoyan a Lumumba y el objetivo Pan-Áfricanista que compartía, y la compra de los servicios de asesinos a sueldo (mercenarios) para eliminar el obstáculo para su control sin problemas del Congo, un territorio que vieron como un país que no podría ser más que un estado casi independiente que está subordinado a los líderes occidentales, los países occidentales y los intereses occidentales.

****

Justo después de otorgarle la independencia al Congo el 30 de Junio de 1960, Bélgica y sus aliados occidentales minaron la estabilidad de la naciente nación al alentar una oposición virulenta al gobierno de Lumumba, utilizando políticos Congoleños respaldados por Occidente. De hecho, en Diciembre de 1960, el Congo estaba efectivamente bajo cuatro gobiernos separados, tres de los cuales estaban bajo los pulgares de las facciones anti-Lumumba respaldadas por las potencias occidentales. Éstas eran:

- el gobierno central en la capital Congoleña de Léopoldville (Kinshasa)
- un gobierno central rival establecido por los seguidores de Lumumba en Stanleyville (Kisangani)
- un régimen secesionista en la provincia rica en minerales de Katanga, bajo el liderazgo de Moise Tshombe
- y otra administración secesionista en la provincia de Kasai del Sur bajo el liderazgo de Albert Kalonji.

Mapa Administrativo del Congo (1960)

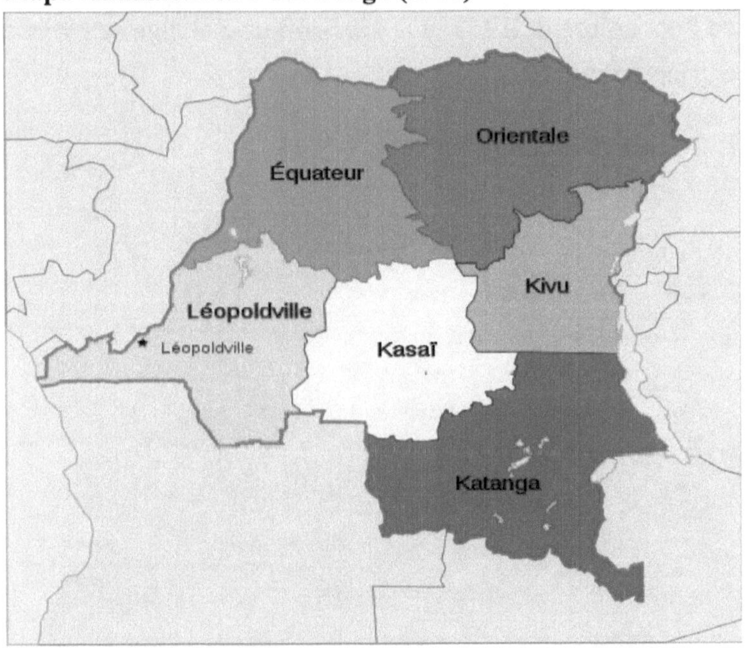

Con Lumumba liquidado medio año después de la concesión de la independencia al Congo, con la eliminación de lo que los actores geopolíticos occidentales percibían como la mayor amenaza para sus intereses en el nuevo país, Bélgica, Gran Bretaña, Francia y los Estados Unidos de América, lideraron los esfuerzos internacionales para difundir la autoridad del régimen moderado y pro-occidental en Kinshasa en todo el Congo. Era una estrategia doble que implicaba el uso del nuevo ejército Congoleño creado por Occidente bajo el mando del régimen respaldado por Occidente de Mobutu Sese Seko, y el uso del personal de mantenimiento de la paz de las Naciones Unidas. La estrategia fue tan efectiva que la fortaleza Lumumbista en el este del país, centrada alrededor de Kisangani, cayó en Agosto de 1961. Kasai del sur se retiró en Septiembre de 1962, y la secesión de Katanga se revirtió en Enero de 1963.

La Crisis del Congo de 1960 y 1961

Después de destruir el nuevo Congo independiente para socavar Lumumba, después de asesinar a Lumumba e instalar un gobierno títere, y luego dirigirlo a unir y estabilizar el país nuevamente, las potencias occidentales se sorprendieron cuando surgió un movimiento social radical para una "segunda independencia", desafiando al estado neocolonial y su liderazgo pro-occidental. Fue un movimiento masivo de trabajadores, funcionarios públicos inferiores, desempleados urbanos, campesinos y estudiantes. Fueron liderados por los lugartenientes de Lumumba, la mayoría de los cuales se habían reagrupado en la antigua capital Congoleña francesa de Brazzaville, al otro lado del río Congo desde la antigua capital Belga Congoleña de Kinshasa. En Octubre de 1963, estos Lumumbistas establecieron un Consejo de Liberación Nacional (CNL) con la misión de expulsar al régimen de Mobutu y crear un Nuevo Congo. Fueron tomados en serio hasta el punto en que la Unión Soviética les brindó asistencia militar. Algunos de los pocos gobiernos Pan-Áfricanistas sobrevivientes en el continente también brindaron apoyo. Incluso Ernesto Che Guevara, el ícono revolucionario Argentino y el segundo al mando de Fidel Castro, estableció una base en el Congo para ayudarlos. De hecho, cuando el Che Guevara escribió en 1964 que:

"Debemos avanzar, atacando incansablemente contra el imperialismo. De todo el mundo, tenemos que aprender las lecciones que ofrecen los eventos. El asesinato de Lumumba debería ser una lección para todos nosotros... ",

el revolucionario argentino comenzó la inmortalización de Patrice Lumumba después de que fracasó en su expedición en el Congo para galvanizar a los Lumumbistas contra el régimen títere occidental de Mobutu Sese Seko, quien no solo empobreció al Congo durante su mal gobierno de tres décadas y media, pero quien también se hizo más rico que el país que el gobernó mal.

****

En todos los continentes del mundo de hoy, abundan las calles, parques, plazas, aeropuertos, estatuas y otras infraestructuras que llevan el nombre de Lumumba en honor de un altruista, un hombre que abrazó una forma más avanzada de cívico-nacionalismo llamado unión-nationalismo, quien se opuso a la división de su país en a lo largo de líneas étnicas o regionales, y que apoyó el Pan-Áfricanismo y la liberación de todos los territorios coloniales no solo en África, sino también en el resto del mundo.

El legado de Patrice Lumumba continúa sirviendo de inspiración en la política Congoleña actual, ya que docenas de partidos políticos proclaman su creencia en las ideas de "Neutralismo Positivo", que aboga por un retorno a los valores Africanos y que rechaza cualquier ideología importada, incluida la ideología del Unión Soviética:

"No somos comunistas ni católicos. Somos nacionalistas Africanos," dijo una vez Patrice Lumumba.

Los Pan-Áfricanistas (aquellos que sueñan con una futura Unión Económica Áfricana con un sistema político integrado y una estructura militar) aprecian el legado de Lumumba y lo colocan junto a Kwame Nkrumah de Ghana, Sekou Touré de Guinea, Julius Nyerere de Tanzania y los líderes de la histórica Partido UPC de Camerún — que eran liquidado durante su lucha contra el colonialismo Francés y el neocolonialismo que condujo a la unificación e independencia del país — como los íconos de la era de la lucha por la independencia de África que sembró las semillas para la Unión Áfricana eso aún no se ha realizado.

El 31 de Mayo de 1997, un Lumumbista llegó al poder después de liderar una rebelión a gran escala contra el gobierno del Mobutu enfermo bajo la bandera de la Alianza de Fuerzas Democráticas para la Liberación del Congo-Zaire (ADFL), y con el apoyo de Ruanda, Uganda y Burundi, lo que marca el final de la primera Guerra del Congo en una hazaña que le tomó al ADGL solo medio año para hacerse cargo del país, un territorio que es un poco más de la mitad del tamaño de la Unión Europea. Laurent-Désiré Kabila, como se llamaba la némesis de Mobuto y al nuevo presidente, hizo una declaración poderosa cuando cambió el nombre del país de Zaire a la República Democrática del Congo, que es como se conocía a la nación CentroÁfricana de

1964 a 1971.

Laurent-Désiré Kabila no vino de la nada. De hecho, en 1965, se había convertido en el lugarteniente más distinguido de Patrice Lumumba después de la crisis del Congo de principios de los años sesenta y la rebelión contra Mobutu Sese Sekou que le siguió. Incluso fue reconocido por el Che Guevara durante su expedición al Congo, a pesar de que el revolucionario Argentino pensó que su contraparte Congoleña estaba demasiado distraída en ese momento, concluyendo que "no era el hombre de la hora."

A pesar de que los antiguos aliados de Laurent Kabila (Ruanda, Uganda y Burundi) se volverían contra él un año después, y respaldarían una nueva rebelión contra su gobierno bajo el estandarte del Rally por la democracia Congoleña (RCD), provocando así el Segundo Congo Guerra que lo vio perder el control del este del Congo, el legado de Lumumba prevaleció mientras continuaba controlando el sur y el oeste del país con la ayuda de Angola, Namibia y Zimbabue. Laurent Kabila sería asesinado a tiros por su guardia el 1 de Enero de 2001, un año y medio después de la retirada de todas las tropas extranjeras del país. Sin embargo, el legado de Lumumba nunca fue abandonado, ya que su hijo, Joseph Kabila, lo sucedió y gobernó hasta el 25 de Enero de 2019, cuando Félix Tshisekedi se convirtió en el nuevo presidente después de su victoria electoral el año anterior. El equipo de Kabila y el equipo del nuevo presidente establecieron una alianza de trabajo a principios de 2019, cuyo resultado es un acuerdo de gabinete compartido entre la FCC alineada con Kabila y la alianza CACH de Tshisekedi, que ha asegurado una continuación en el poder de las fuerzas que reconocen el papel positivo de Patrice Lumumba en la historia Congoleña, incluso si no cumplen con los estándares que él defendió.

La trágica pérdida de Patrice Lumumba fue mejor expresada por Noam Chomsky durante una entrevista del 11 de Septiembre de 2013 con la reconocida periodista de radiodifusión, columnista sindicada, periodista de investigación y autora Amy Goodman cuyas tareas de investigación la llevaron a lugares como Nigeria y Timor Oriental. Ese fue el momento en que dijo que:

"El asesinato de Lumumba, en el que Estados Unidos estuvo involucrado, en el Congo destruyó la mayor esperanza de desarrollo de África. Congo es ahora una historia de terror total, durante años",

Ahora, el profesor Noam Chomsky, considerado por muchos como el mejor intelectual vivo, también es respetado como un gran historiador, lingüista, filósofo, activista político, científico cognitivo y crítico social estadounidense cuyo dominio de la filosofía analítica es envidiable. Entonces, cuando continúa regresando al Congo para resaltar la difícil situación del país como víctima de la esclavitud, el colonialismo, el neocolonialismo, la guerra fría, el imperialismo y también del globalismo, entendemos por qué algunos expertos ven a la entidad geopolítica como el corazón estrangulado de África cuyos recursos parecen ser una maldición más que una bendición. Cuando señaló a su audiencia que:

"El mineral principal en tus teléfonos celulares, el coltán [un mineral metálico negro], proviene del este del Congo. Las corporaciones multinacionales están explotando los muy ricos recursos minerales de la región. Muchos de ellos están respaldando a las milicias que luchan entre sí para obtener el control de los recursos o una parte de los recursos."

Subrayó la razón por la cual este país que ocupa la mayor parte del espacio que es África media o central es el patio de recreo de las fuerzas extranjeras que ven en África y sus ricos recursos nada más que un botín que puede ser saqueado a bajo costo o sin costo, por eliminando a quienes apoyar la defensa de los intereses de la tierra y la gente, y luego reemplazarlos con marionetas que trabajarían por intereses extranjeros y sus propios intereses, en contra de los intereses de sus países y personas.

Hace apenas tres décadas, Zaire (Congo-Kinshasa) y Camerún tenían la reputación de ser los únicos dos países de África donde los que se sacrificaron por su liberación o independencia nunca habían gobernado. Entonces, el hecho de que los Congoleños del antiguo Congo Belga lograron vencer a sus líderes con la disposición malvada establecida por las potencias extranjeras para servir a los intereses de estas potencias extranjeras contra el bienestar del pueblo Congoleño, nos dice que el país se ha ido un largo camino en el difícil viaje para revertir los estragos de la esclavitud, el colonialismo, el neocolonialismo y el imperialismo, dejando a Camerún como el único país de África con una liberación inacabada que corre el riesgo de desgarrar al país embrujado, a menos que los nacionalistas cívicos de Camerún actúen de manera oportuna al desmantelar el sistema impuesto por Francia que el régimen de Biya administra , en lo que generalmente es la degeneración de esta entidad geopolítica conocida como el microcosmos de África.

Índice de Democracia: África y el Mundo

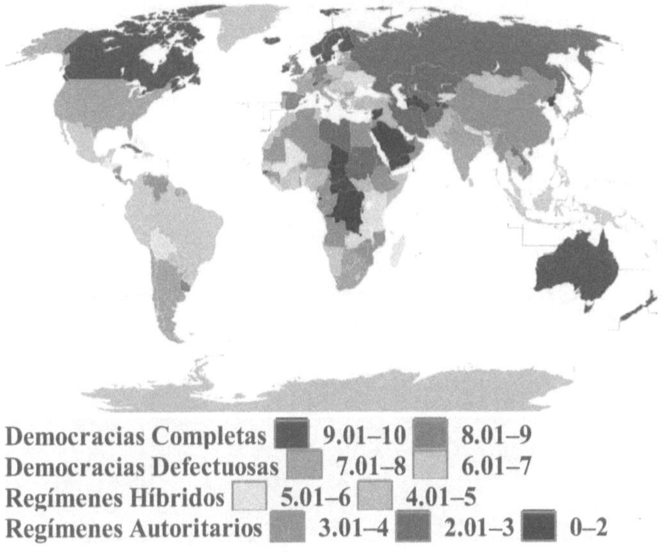

Mapa Político de los Países Africanos

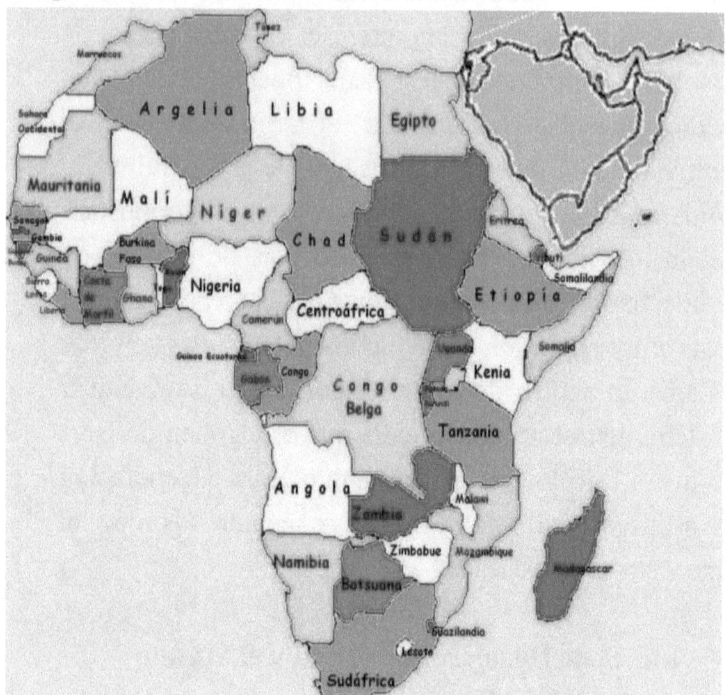

Capítulo Dos

Félix-Roland Moumié

CITAS

"Si luchamos hasta la muerte contra una integración arbitraria de nuestro país en el Imperio colonial Francés, es porque queremos seguir siendo los defensores conquistadores del derecho de los pueblos a la autodeterminación. Estamos así, al servicio de Kamerun y África ... somos los verdaderos artesanos de la distensión internacional. Como nacionalistas revolucionarios, estamos luchando para realizar para el Kamerun y solo para él, una verdadera "Independencia" nacional con la "Unificación" como condición previa, simultánea o consecutiva, pero nunca excluida."

Rubén Um Nyobè

"No estamos involucrados en esta lucha solo porque pensamos que desmantelaremos este sistema en el transcurso de nuestra vida. Esperamos que Camerún cambie mañana. Pero si no es así, nos alegrará saber que hicimos el terreno fértil para la próxima generación que pondrá fin a la podredumbre en este país, y luego estableceremos la "NUEVA Camerún.""

Dr. Samuel F. Tchwenko, ex UPCista e ideólogo jefe de la histórica SDF de 1990-2002

"Un pueblo decidido a luchar por la libertad y la independencia es invencible."

Rubén Um Nyobè

"Camerún no es un país de esclavos que ningún hombre puede liberar."
Janvier Chouteu-Chando

"El enemigo no es quien te enfrenta con una espada en la mano, ese es el oponente. El enemigo es el que está detrás de ti con un cuchillo a la espalda.
Thomas Sankara

.".. De vez en cuando, el mundo es bendecido con almas únicas que, aunque cargadas por sus cruces invisibles, todavía tienen la fuerza extraordinaria para seguir adelante en la vida y ayudar a los demás al mismo tiempo. A pesar de sus tribulaciones, la mayoría de nosotros cree que están bien. Incluso cuando el peso de sus cruces se vuelve insoportable, incluso cuando proceden sin aliento, aún nos cuesta entender que se están ahogando. De hecho, incluso los condenamos por no sacrificar más ... "
Janvier Chouteu-Chando, "Discípulos de la Fortuna"

"La independencia política no tiene sentido si no va acompañada de un rápido desarrollo económico y social."
Patrice Lumumba

"Lo peor que hizo el colonialismo fue nublar nuestra visión de nuestro pasado."

Barack Obama

"Hasta que los leones tengan sus propios historiadores, la historia de la caza siempre glorificará al cazador."

Chinua Achebe

"Los personajes de nuestras otras vidas son fantasmas que la literatura está reviviendo."

Olivier Weber

Camerún en un Mapa del Mundo

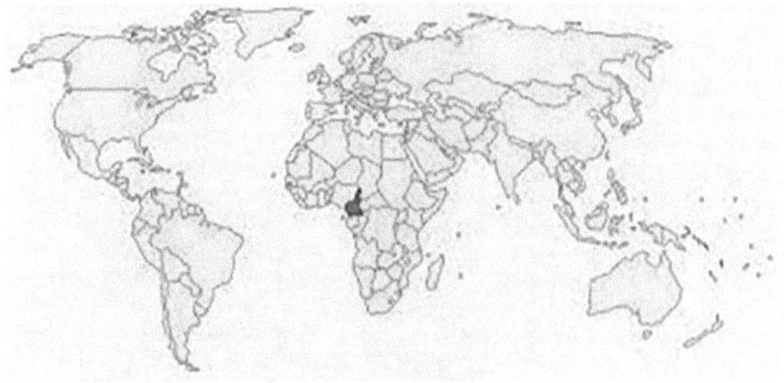

Mapa de Partición de África: 1884-1914

La independencia de los países africanos

Mapa Político de los Países Africanos

Camerún a lo Largo del Tiempo

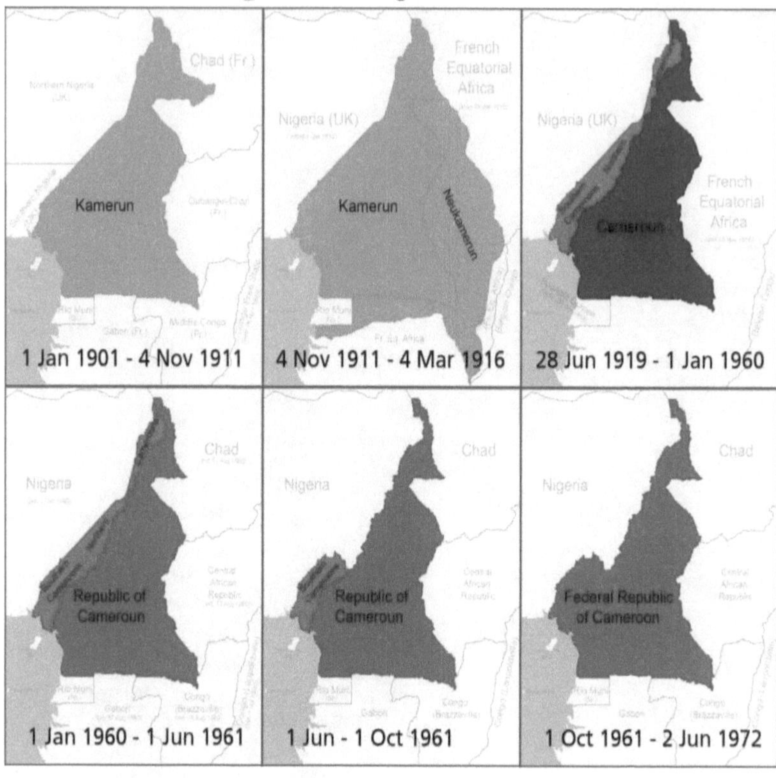

1. Kamerun Alemán (1884-1911)
2. Kamerun Alemán (1911-1916)
3. Camerún Británico y Camerún Francés: 1916-1960
4. Camerún Británicoy la República de Camerún (1960-1961)
5. Camerún Británico del Sur y la República de Camerún (1960-1961)
6. Camerún reunido/independiente hoy.

Mapa Administrativo de Camerún (2019)

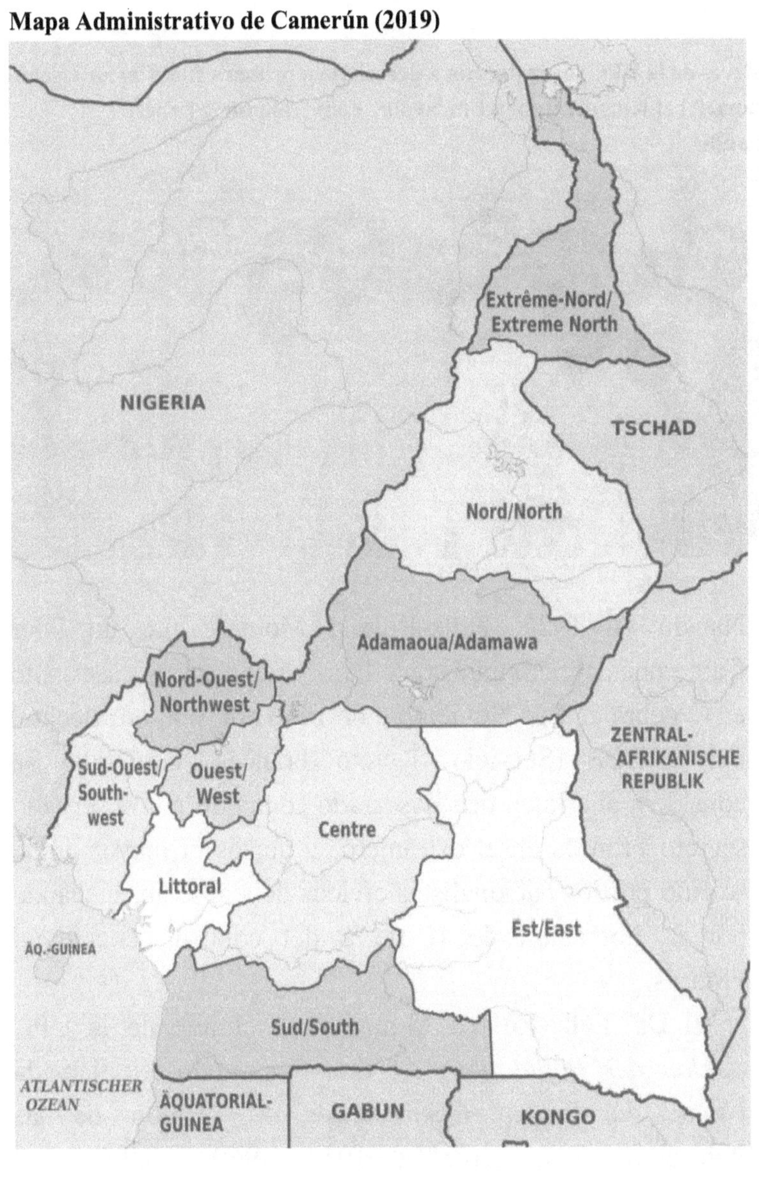

Líderes de la UPC (de izquierda a derecha) en primera fila: Castor Osendé Afana, Abel Kingué, Rubén Um Nyobé, Félix Moumie y Ernest Ouandié

Nacido en 1926, Félix-Roland Moumié fue un líder Camerunés anticolonialista y Pan-Áfricanista. Su asesinato en Ginebra el 3 de Noviembre de 1960 por William Bechtel del SDECE (Servicio Secreto Francés) con talio se considera el crimen más descarado cometido por el servicio secreto Francés en el extranjero, y quizás el mayor golpe sufrido por los nacionalistas cívicos de Camerún, luchando por la liberación de la tierra del control neocolonial Francés.

El Dr. Félix-Roland Moumié fue el jefe de la UPC (*Union des Populations du Cameroun*, también llamada *Union du Peuple Camerounais* — "Unión de las Poblaciones de Camerún") de 1958 a 1960. La UPC fue el primer partido político histórico en emerger de los territorios de la antigua colonia alemana de Kamerun. Fundada en 1948, la UPC operaba tanto en Camerún Francés como en Camerún Británico—que eran territorios fiduciarios de las Naciones Unidas que surgieron del antiguo Kamerun Alemán de 1884-1916 después de su partición entre Gran Bretaña y Francia según lo acordado en el Tratado de Versalles del 28 de Junio de 1919 — El más importante de los tratados de paz que cerraron la Primera Guerra Mundial formalizando el fin del estado de guerra entre Alemania y las Potencias Aliadas. El objetivo principal del partido era la reunificación e independencia de Camerún Británico y Camerún Francés, territorios fiduciarios que fueron los sucesores de los mandatos de la Liga de las Naciones, y que surgió cuando la Liga de las Naciones dejó de existir en 1946, y lo reemplazó con la organización de las Naciones Unidas.

****

La administración fiduciaria Francesa prohibió a la UPC en 1955, acusándola de fomentar disturbios civiles, lo que obligó al partido al exilio en el verano de 1955. Sin embargo, la UPC resurgió en 1956 y desafió a Francia a través de los medios internacionales. Las autoridades coloniales británicas también prohibieron la UPC en Camerún Británico en 1958, forzando así a la mayoría de su liderazgo que escapó de Camerún Francés y buscó refugio en Camerún Británico, para huir a Egipto, Ghana, China y otros países que apoyaban la causa Camerunesa por su reunificación e independencia.

Rubén Um Nyobé, líder del partido y Secretario

General; Ernest Ouandié y Abel Kingué, los dos vicepresidentes del partido; y Félix Moumié se comprometió a continuar con la lucha por la reunificación e independencia de Camerún Francés y Camerún Británico, a pesar de la resolución de Francia de dividir y gobernar a los pueblos del antiguo Kamerun Alemán. Después de todo, la UPC contó con el apoyo de la mayoría de la gente de Camerún Francés, y sus ramificaciones y partidos hermanos en Camerún Británico obtuvieron el apoyo del electorado allí. De hecho, más del 80% de los Cameruneses educados apoyaron al partido y su causa para la reunificación e independencia de las tierras del antiguo Kamerun Alemán.

Sin embargo, el partido recibió su primer gran trauma cuando tres años después de la prohibición, en un momento en que algunos expertos comenzaban a pensar que Francia permitiría que el partido comenzara a operar nuevamente como una entidad política legal, las fuerzas de seguridad de la administración fiduciaria Francesa asesinó al primer líder histórico de la UPC, Rubén Um Nyobé, el 13 de Septiembre de 1958, cerca de su pueblo natal de Boumnyebel en la tierra de Bassa.

****

Entonces, cuando el Dr. Félix-Roland Moumié sucedió a Rubén Um Nyobé, se vio obligado a operar desde el exilio, a pesar de que la UPC era la única partido político en Camerún Francés que disfrutaba del abrumador apoyo de los Cameruneses Franceses, y aunque también era el único partido político en esa parte del antiguo Kamerun Alemán que compartió un programa similar con partidos hermanos o filiales en Camerún Británico. Sin inmutarse, desafió la represión de Francia contra la UPC de una manera más decidida, de modo que los partidarios de la UPC tenían el control de gran parte del campo de la mitad sur del Camerún Francés antes de que Francia entregara el control político o la soberanía de Camerún Francés a su títere Ahmadou Ahidjo, declaró el independiente de la tierra el 1 de Enero de 1960, y al mismo tiempo concluyó una serie de acuerdos socioeconómicos, políticos y militares con el estado naciente que prácticamente lo convirtieron en un patio trasero de Francia.

Considerado por algunos como el "Che Guevara Áfricano en ciernes", Félix Moumié fue un líder astuto y un gran organizador que, antes de su muerte, se había reunido ese verano de 1960 con Ernesto Che Guevara, el revolucionario internacional Argentino y segundo al mando en el nuevo gobierno anti-Américano y antioccidental de la Cuba de Fidel Castro. Además de ese desarrollo, el líder partidista Camerunés había desarrollado con éxito una relación especial con el belicoso presidente Egipcio Gamal Abdel Nasser, el presidente Pan-Áfricanista de Ghana Kwame Nkrumah, el inquebrantable Patrice Lumumba de Congo-Kinshasa (el ex Congo Belga), y el obstinado nacionalista jefe de estado Guineano Sékou Touré que desafió a Francia y sacó a Guinea de las garras neocoloniales de su antiguo maestro colonial.

Muchos expertos piensan que Francia y sus aliados de la Guerra Fría temieron el impulso del nuevo líder de la UPC para forjar relaciones sólidas con algunos de los otros líderes del bloque comunista que esperaban ver a África emerger algún día como un continente económicamente unido e integrado políticamente. El hecho de que esos líderes prometieron aumentar su apoyo al grupo partidista de la UPC ahora dirigido por Moumie, puso a Francia y Ahmadou Ahidjo extremadamente nerviosos.

El segundo líder exiliado del movimiento cívico-nacionalista de Camerún estaba en una misión a Europa en Octubre de 1960, cuando William Bechtel lo invitó a cenar en un hotel en Ginebra, Suiza, haciéndose pasar por periodista. De hecho, era miembro del "Main Rouge", una rama de una unidad especial en el servicio secreto Francés encargada de eliminar a los nacionalistas Africanos anti-Franceses y pro-independencia y sus partidarios en Europa.

Distraído por una llamada al teléfono por parte del personal de un restaurante, Moumié dejó su bebida sin terminar que Bechtel contaminó al verterle una dosis letal de talio. Pero Moumié no lo bebió a su regreso. Entonces, Bechtel creó otra distracción, durante la cual vertió otra dosis de talio en el vino de Moumié. Moumié terminó bebiendo ambas bebidas y murió en un hospital de Ginebra el 3 de Noviembre de 1960, días antes de su regreso a Guinea, y mucho antes de lo que habían planeado sus asesinos. El hecho de que el líder de liberación de Camerún tomara una sobredosis del veneno frustró el complot que Francia había tramado para culpar de la muerte de Félix

Moumié al presidente Guineano Sekou Touré, quien había estado actuando como anfitrión del líder de la UPC durante su exilio en la capital Guineana de Conakry.

****

El asesinato de Félix Moumié sería seguido tres meses después por el horrible asesinato de Patrice Lumumba del ex Congo Belga. La muerte de estos dos cívico-nacionalistas Africanos con una visión Pan-Áfricanista sería seguida por una sangrienta represión de la resistencia popular a los regímenes neocoloniales en sus respectivos países.

Con la ejecución del sucesor de Félix Moumié, Ernest Ouandie, en Enero de 1971, la contraofensiva neocolonial contra los movimientos anticolonialistas en el corazón de África habría terminado, lo que significaría la victoria para las fuerzas neocoloniales. Esta nueva realidad tendría consecuencias desastrosas no solo en la región centro Áfricana sino en toda África. El África subsahariana Francófona no se ha atrevido a oponerse al neocolonialismo Francés desde la derrota del nacionalismo cívico Camerunés y la imposición por parte de Francia de un sistema de control mafioso sobre sus antiguas colonias que utiliza títeres Franceses que no son responsables ante su pueblo.

La muerte de Félix Moumié, la retención de la prohibición Francesa de la UPC, la expulsión de la UPC en

1958 de Camerún Británico y el regreso al poder en Francia de la leyenda Francesa y el neocolonialista general Charles De Gaulle hicieron realidad el sueño Kameruniano de la reunificación, independencia y desarrollo parecen imposibles. Sin embargo, las retoños de la UPC en Camerún Británico y los nacionalistas cívicos Cameruneses en el sur de Camerún Británico realizaron el sueño de la reunificación al defender la campaña en el referéndum patrocinado por las Naciones Unidas para la votación para reunir al sur de Camerún Británico con la República de Camerún de un año de antigüedad , el ex Camerún Francés que obtuvo su independencia el 1 de Enero de 1960 bajo el gobierno anti-UPC del títere Francés Ahmadou Ahidjo.

De hecho, aunque con armamento inferior, la UPC dirigió una campaña guerrillera efectiva que, a fines de 1959, limitó el control Francés completo en el sur del país solo a las ciudades y pueblos, dejando las aldeas y el campo bajo el control de la UPC. Y dado que el Acuerdo de Administración Fiduciaria de la ONU estableció un límite para la cantidad de tropas que el ejército Francés podría tener en el territorio, Francia decidió precipitar la concesión de la independencia al Camerún Francés.

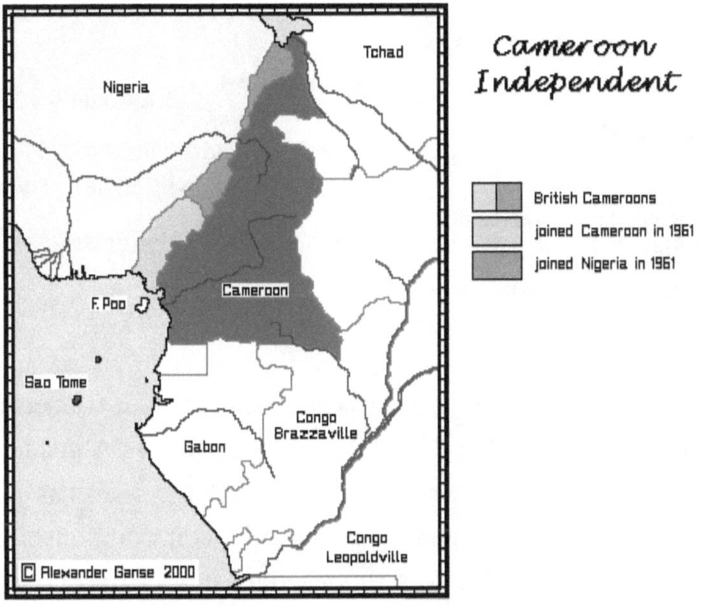

British Cameroons= Camerún Británico
Joined Cameroun in 1961= Se unió a la República de Camerún
(el ex Camerún Francés) en 1961 (reunificación)
Joined Nigeria in 1961= Se unió a Nigeria en 1961

11-12 de Febrero de 1961 Plebiscito de Camerún Británico
Puntos principales: Se preguntó a los votantes si querían unirse con
Nigeria o Camerún cuando se concede la independencia a las dos
regiones.

Camerún Británico del Norte
Votantes registrados 292,985
Total de votos No disponible (NO
(participación electoral) ESTÁ)
Votos inválidos/en No disponible
blanco
Total de votos válidos 243,955
Camerún Británico del Sur
Votantes registrados 349,652
Total de votos No disponible (NO
(participación electoral) ESTÁ)
Votos inválidos/en No disponible

blanco
Total de votos válidos   331,312

Resultados	Camerún del Norte		Camerún del Sur	
	Número de votos	% de votos	Número de votos	% de votos
Unión con la Federación de Nigeria	146,296	59.97%	97,741	29.50%
Unión con la República de Camerún	97,659	40.03%	233,571	70.50%

Sin embargo, Francia otorgó la independencia al Camerún Francés el 1 de Enero de 1960 bajo su marioneta Ahmadou Ahidjo, y al mismo tiempo obligó a Ahidjo a firmar un pacto secreto con Francia, un acuerdo con componentes económicos, políticos y militares que, entre otras cosas, permitieron a Francia multiplique el número de tropas Francesas que había estacionado en el antiguo Camerún Francés, llamado la República de Camerún a partir de entonces. El ejército Francés reforzaría su presencia en la tierra al aumentar el número de sus soldados y equipos allí, y al acelerar el reclutamiento y entrenamiento de un ejército Camerunés local liderado por los Franceses. Estos ejércitos Franco-Cameruneses derrotarían a los insurgentes en sus principales fortalezas en la tierra de Bassa en 1960 y en la tierra de Bamileke desde 1962-1964, al infligir grandes pérdidas a la UPC y a las poblaciones civiles a través de su bombardeo indiscriminado de los campamentos guerrilleros y civiles comunidades, una política de tierra arrasada en sí misma que algunos historiadores y varios expertos consideran un genocidio liderado por Francia contra ciertas fuerzas y poblaciones de áreas de Camerún que se opusieron a los planes neocolonialistas de Francia para Camerún.

En 1965, la UPC se dio cuenta de que ya no podía ganar el conflicto armado contra el ejército Francés y el ejército Camerunés que Francia creó para el régimen títere Ahmadou Ahidjo. Los esfuerzos prevaricados para lograr la paz a través de conversaciones de paz atraerían al sucesor de Félix Moumié, Ernest Ouandie, fuera de la selva, lo que llevaría a su rendición/captura, y luego a la ejecución en Enero de 1971, terminando así la lucha armada de la UPC contra Francia por la reunificación, independencia y libertad de los territorios del antiguo Kamerun Alemán, un conflicto que resultó en la muerte de más de medio millón de vidas Camerunesas en lo que algunos expertos ven como "Liberación Incompleta de Camerún", ya que aquellos y los herederos de aquellos que hicieron campaña y lucharon por la reunificación y La independencia de Camerún han estado impedida del poder en el país desde entonces.

****

Los Cameruneses de la parte de habla inglesa del Camerún reunido pronto se dieron cuenta de que habían sido engañados y subyugados por Francia y su marioneta, como las poblaciones derrotadas y sometidas de la parte de habla Francesa del país, y que ahora también estaban bajo el control de El yugo sofocante de un sistema impuesto por

Francia y administrado por la dictadura del títere Francés Ahmadou Ahidjo. Paul Biya, otra marioneta Francesa y sucesor de Ahmadou Ahidjo de las órdenes de Francia, ha estado en el poder desde 1982 y ha exacerbado aún más la asfixia de Camerún. Casi sesenta años después, Camerún todavía está bajo el control de las fuerzas anti-UPC que Francia puso en el poder — estos son Cameruneses que no desempeñaron ningún papel, ni moderados ni radicales, en la lucha nacionalista por la reunificación e independencia de la tierra. De hecho, Francia ayudó a sus títeres a establecer un estado policial para imponer su gobierno, lo que explica por qué Camerún nunca ha experimentado el gobierno bajo un jefe de estado que es o fue la elección de la gente.

La mafia continúa. El país que encarna el espíritu audaz de África todavía está en manos de las fuerzas que estaban en contra de su búsqueda de liberación, desarrollo y asociación con otras fuerzas progresistas del mundo.

Los asesinatos de Rubén Um Nyobé, Félix Moumié, Patrice Lumumba, Castor Osendé Afana, Ernest Ouandie y decenas de miles de nacionalistas cívicos Congoleños y Cameruneses fueron, después de todo, una exitosa campaña de los poderes neocoloniales para destruir el auténtico desarrollo independiente de África, porque la derrota de los movimientos anticoloniales en estos países debilitaron el impulso Pan-Áfricanista para crear una unión económica Áfricana e integrar el continente políticamente. A pesar de cualquier indicio o expectativa de lo contrario, el Camerún de Nyobe/Moumié/Ouandie que nunca se realizó, y el Congo de Lumumba que no pudo ser, habría estado en el centro geográfico, económico y político de la Unión Áfricana esa sigue siendo la visión de muchos Africanos progresistas que esperan ver que el continente se asegure un lugar de respeto en el creciente mundo multipolar.

Los Recursos Naturales de la Región Centro-Áfricana

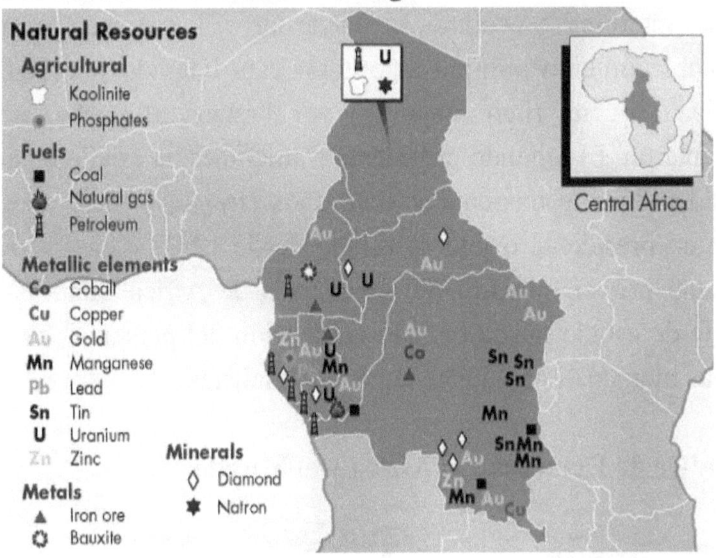

Hoy, el sarcófago de Félix Moumié sigue desaparecido en lo que fue su lugar de descanso en el cementerio de Conakry, Guinea. Albert Kingue todavía está enterrado en El Cairo, Egipto. Rubén Um Nyobé, Ernest Ouandie, Castor Osendé Afana y los otros líderes de la UPC asesinados por las fuerzas de Franco-Ahidjo son apenas reconocidos, y mucho menos honrados en los anales de la historia de Camerún, a pesar de que sus nombres adornan las calles y las infraestructuras en otros países de África y el mundo.

Seis décadas después, los Cameruneses que se alzan

para desafiar al estado de la mafia, todavía ven a Félix-Roland Moumié y a los otros líderes históricos nacionalistas de la Unión que fueron asesinados, exiliados o socavados por Francia y los títeres que impuso en el país, como las fuerzas para emular en su intento de desmantelar el sistema que Francia impuso al pueblo Camerunés contra sus intereses y contra su bienestar. El sistema y su establecimiento político autoritario está liderado por Paul Biya hoy, un títere impuesto por Francia al pueblo de Camerún. El segundo presidente Camerunés ha estado en el poder durante cuarenta y siete años (treinta y siete años como presidente o jefe de estado desde 1982, y diez años como primer ministro del único país de África donde su jefe de estado nunca ha sido la elección del personas, sino más bien una imposición de neocolonialistas).

Índice de Democracia: África y el Mundo

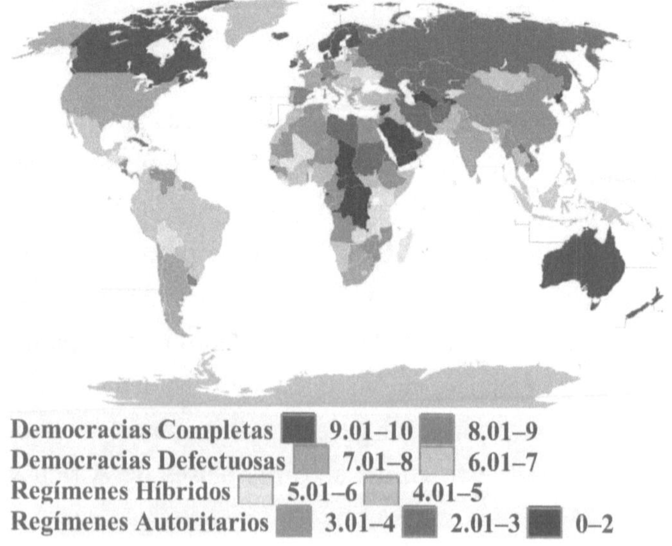

Mapa Político de los Países Africanos

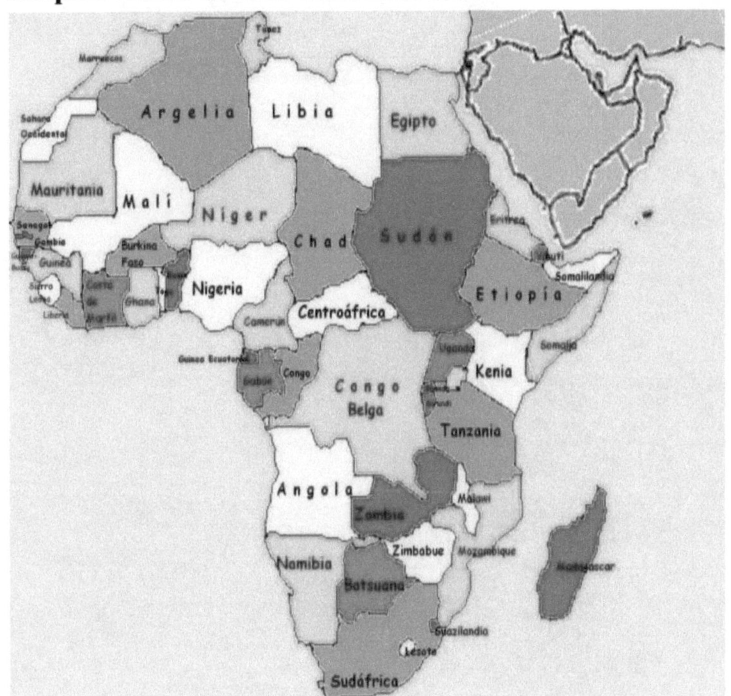

Capítulo Tres

Thomas Sankara

CITAS DE THOMAS SANKARA

"Aunque los revolucionarios como individuos pueden ser asesinados, no puedes matar ideas."

"El enemigo no es el que te está enfrentando con una espada en la mano, ese es el oponente. El enemigo es el que está detrás de ti con un cuchillo a la espalda."

"Sin educación política patriótica, un soldado es sólo un criminal potencial."

"No creo que Blaise (Blaise Compaoré, su ayudante y mejor amigo) quiera hacer un atentado contra mi vida. El único peligro es que, si se niega a actuar, las potencias imperialistas le ofrecerán poder en un plato de plata organizando mi asesinato. ¡Incluso si logran asesinarme, no importa! La conclusión es que quieren comer, y yo los detengo. Pero moriré pacíficamente, porque nunca, después de lo que hemos logrado inculcar en las conciencias de nuestros compatriotas, no pueden controlar a nuestro pueblo como antes."

"La mayor dificultad que hemos enfrentado es la forma neocolonial de pensar que existe en este país. Fuimos colonizados por un país, Francia, que nos dejó con ciertos hábitos. Para nosotros, tener éxito en la vida, ser felices, significaba tratar de vivir como lo hacen en Francia, como los más ricos de los franceses."

"No se puede llevar a cabo un cambio fundamental sin una cierta cantidad de locura. En este caso, viene de la inconformidad, el valor de dar la espalda a las viejas fórmulas, el valor de inventar el futuro."

"La deuda es una reconquista inteligentemente gestionada de África. Es una reconquista que convierte a cada uno de nosotros en un esclavo financiero."

"Que se ponga fin a la arrogancia de las grandes potencias que no pierden la oportunidad de poner en tela de juicio los derechos de la gente. La ausencia Africana del club de aquellos que tienen derecho a veto es injusta y debe terminarse."

"No estamos en contra del progreso, pero no queremos un progreso anárquico y descuide criminalmente los derechos de los demás."

"La desigualdad sólo se puede quitar estableciendo una nueva sociedad, donde hombres y mujeres disfrutarán de la igualdad de derechos... Por lo tanto, la condición de la mujer mejorará sólo con la eliminación del sistema que las explota."

"El espíritu es sofocado, por así decirlo, por la ignorancia, pero tan pronto como se destruye la ignorancia, el espíritu brilla como el sol cuando rompe las nubes."

"La familia patriarcal hizo su aparición, fundada en la propiedad única y personal del padre, que se había convertido en jefe de la familia. Dentro de esta familia, la mujer fue oprimida."

"Quiero que la gente me recuerde como alguien cuya vida ha sido útil para la humanidad."

"Nuestro país produce lo suficiente para alimentarnos a todos. Por desgracia, por falta de organización, nos vemos obligados a pedir ayuda alimentaria. Es esta ayuda la que infunde en nuestro espíritu la actitud de los mendigos."

"Todo lo que el hombre puede imaginar, es capaz de crear."

"Los locos de ayer tardaron en poder actuar con extrema claridad hoy. Quiero ser uno de esos locos. Debemos atrevernos a inventar el futuro."

Burkina Faso en un Mapa del Mundo

Mapa de Partición de África: 1884-1914

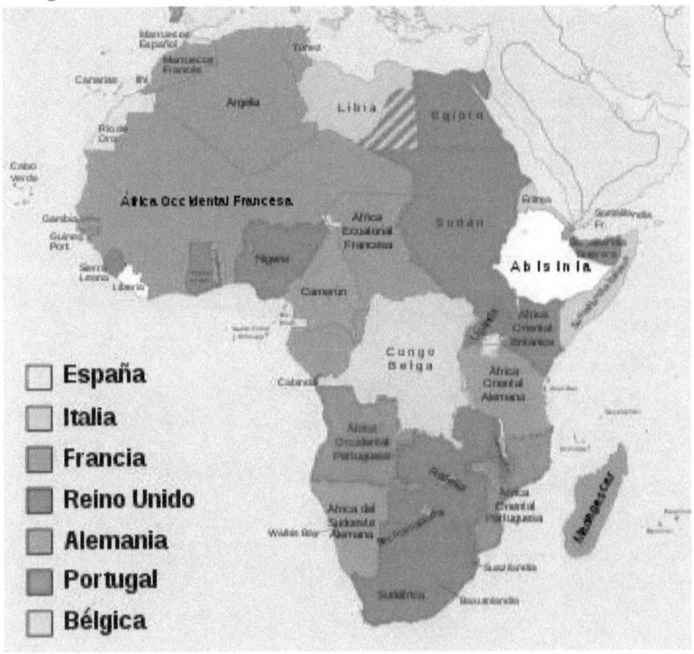

Mapa Político de los Países Africanos

La independencia de los países africanos

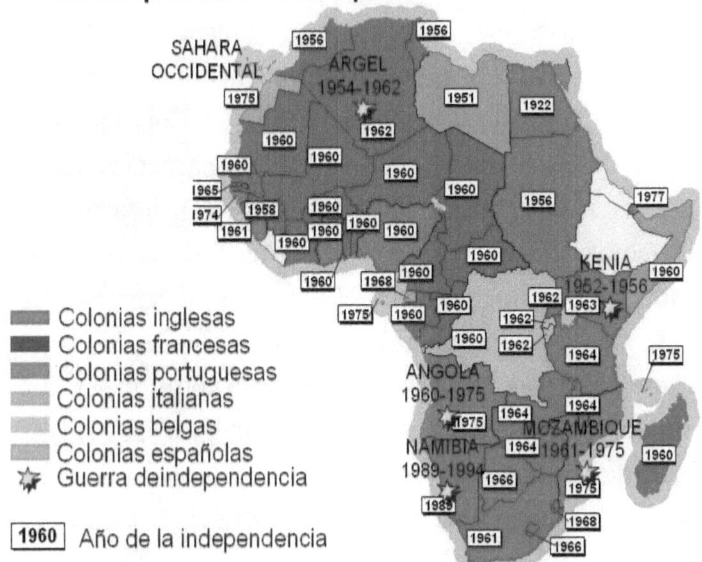

Mapa Administrativo de Burkina Faso (2019)

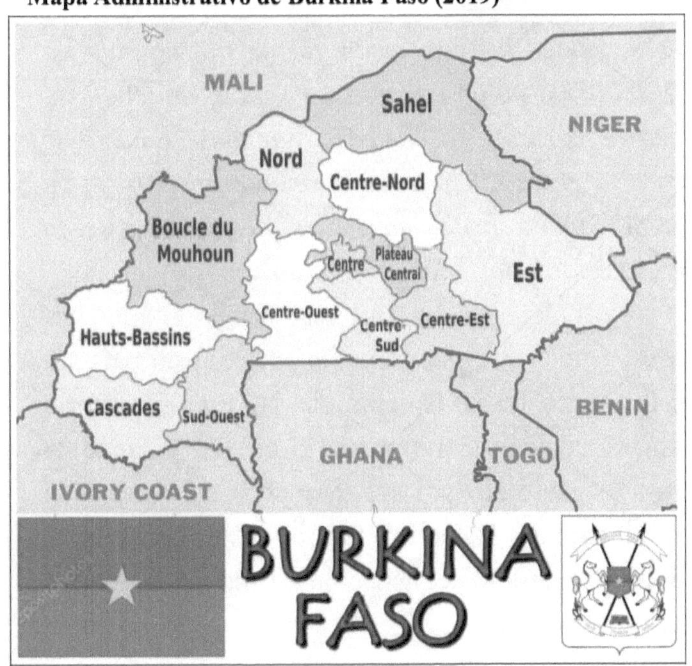

Cuando África se despertó esa mañana del 16 de Octubre de 1987, y se enteró de la muerte de Thomas Sankara, el carismático jefe de estado de Burkina Faso, la conmoción, el dolor y la melancolía se asentaron en el continente. Cuando más noticias sorbieron informando que fue asesinado junto con otros doce en un golpe de estado militar liderado por el entonces Vicepresidente Blaise Compaoré, (quien después del golpe se convirtió en presidente y gobernó hasta su expulsión en un levantamiento popular el 31 de Octubre, 2014), las masas de Burkina Faso se indignaron. Thomas Sankara había dado a conocer al mundo que Blaise Compaoré era su amigo y el confidente más cercano.

Entonces, ¿quién fue este joven que sacó a un país sin litoral de África de un callejón sin salida, un territorio que era el corazón del Imperio Songhai, y luego le mostró a la gente allí y a sus hermanos en el resto de África el camino hacia un futuro desprovisto de la influencia retardadora del neocolonialismo?

Entonces, ¿quién fue este joven que sacó a un país sin litoral de África de un callejón sin salida, un territorio que era el corazón del Imperio Songhai, y luego le mostró a la gente allí y a sus hermanos en el resto de África el camino hacia un futuro desprovisto de la influencia retardadora del neocolonialismo?

****

La historia comienza en 1949, con el nacimiento de Thomas Sankara el 21 de Diciembre de ese año en Yako, Alto Volta, y se convirtió en una leyenda con su muerte el 15 de Octubre de 1987, en Uagadugú, Burkina Faso, por las balas de sus asesinos. Sin embargo, trataremos los capítulos que constituyen su vida en la tierra a medida que profundizamos en cómo se convirtió en el líder de la Revolución de Burkinabé antes de su prematura muerte.

El ascenso de Sankara a la oficina más alta del país comenzó después de su entrenamiento como piloto y después de convertirse en capitán de la Fuerza Aérea del Alto Volta. Pero no fueron solo sus habilidades como piloto lo que lo convirtió en una figura popular en la capital del país llamada Uagadugú, especialmente después de luchar en la guerra fronteriza de 1974 contra Malí. El hecho de que fuera un guitarrista decente y el hecho de que le gustaran las motos también puede haber contribuido a su carisma. Entonces, su nombramiento como Secretario de Estado de Información en 1981 por el Coronel Saye Zerbo, quien se convirtió en el presidente del país después de terminar el gobierno de 14 años de Sangoulé Lamizana con un golpe de estado el 25 de Noviembre de 1980, fue bien recibido por el país. Sin embargo, cuando renunció al gobierno el 21 de Abril de 1982, citando la deriva anti-laboral del régimen, la población vio otro lado loable de su carácter que era poco común, él era incorruptible.

El golpe de estado del 7 de Noviembre de 1982 dirigido por Dr. Jean-Baptiste Ouédraogo (un comandante médico --- que corresponde a un mayor en el ejército) y el Consejo de Salvación Popular (CSP) que derrocó al Coronel Saye Zerbo provocó la reanimación de la fortuna de Sankara cuando el nuevo presidente lo nombró Primer Ministro en 1983. Pero luego, Jean-Christophe Mitterrand, hijo del presidente Francés Francois Mitterrand, quien resultó ser el asesor de Asuntos Africanos de su padre, visitó el Alto Volta ese año, no le gustaban las ideas políticas, la franqueza y la naturaleza incorruptible del joven Sankara, y por eso El presidente del Alto Voltan colocó a Sankara y algunos de sus asociados cercanos bajo arresto domiciliario. Su confinamiento por parte de las autoridades desencadenó un levantamiento popular que no pudo ser contenido.

La saga Sankara no habría tomado nuevas dimensiones si un grupo de hombres en el Alto Volta, conocido hoy como Burkina Faso, no hubiera decidido lanzar una revolución que permitiera al país "aceptar la responsabilidad de su realidad y su destino con dignidad humana." Un Golpe de Estado organizado por Blaise Compaoré con la ayuda del Capitán Henri Bongo, el Mayor Jean-Baptiste Booker Lingam y el carismático Capitán Thomas Sankara depuso a Jean-Baptiste Ouedraogo el 4 de Agosto de 1983, después de lo cual declararon a Thomas Sankara el líder. Sankara, de 33 años, se convirtió en una figura prominente en el grupo de líderes Africanos que querían darle al continente en general, y a sus países en particular, una nueva dimensión sociopolítica desprovista de los grilletes del neocolonialismo, especialmente el dominante control Francés de sus antiguas colonias y territorios Africanos.

Mapa Político de los Países Africanos

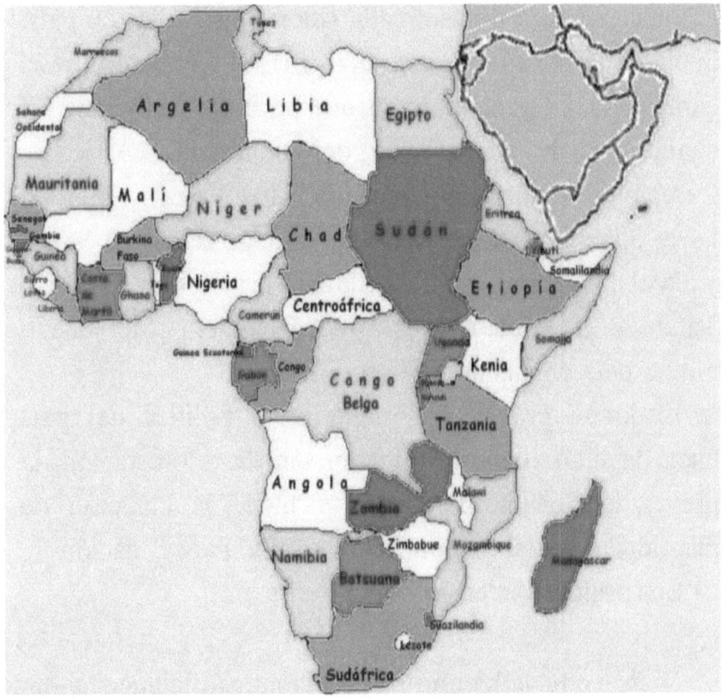

Thomas Sankara, el carismático líder izquierdista de un país en el corazón de África occidental a veces fue apodado "Tom Sank" y fue considerado por algunos de sus admiradores como un "Che Guevara Áfricano" incluso antes de convertirse en el jefe de Estado del país siguiendo el golpe ideado por su amigo Blaise

Compaoré.

****

Un año después de asumir la oficina más alta del país, Sankara comenzó los programas más ambiciosos para el cambio social y económico que se hayan intentado en cualquiera de los países del continente Áfricano. Cambió el nombre del país de Alto Volta a Burkina Faso, que significa "la tierra de la gente recta" en Mossi y Dyula, que son los dos idiomas principales del país. También se le ocurrió una nueva bandera y un nuevo himno para el país entusiasta.

El joven presidente orientaría la política del país hacia la lucha contra la corrupción, la reforestación, la prevención de la hambruna y hacia la creación de prioridades reales de educación y salud para la nación.

Sus políticas internas se centraron en:

- Prevenir la hambruna con la autosuficiencia agraria y la reforma agraria que resultó en la autosuficiencia alimentaria tres años después de su presidencia
- Hacer de la educación una prioridad, que el gobierno fue implacable en su búsqueda a través de una campaña nacional de alfabetización.
- y promover la salud pública mediante la vacunación

de 2, 500, 000 (2,5 millones) niños contra la meningitis, la fiebre amarilla y el sarampión.

Otros aspectos loables de su agenda nacional incluyen:

- la plantación de más de 10, 000, 000 (diez millones) de árboles, lo que contribuyó en gran medida a detener la creciente desertificación del Sahel
- la duplicación de la producción de trigo al redistribuir la tierra de los terratenientes feudales a los campesinos
- la suspensión del impuesto a la renta rurales y alquileres domésticos
- y el lanzamiento de un ambicioso programa de construcción de carreteras y ferrocarriles para "unir a la nación."

A nivel local, Sankara también dirigió la campaña para que cada pueblo construyera un dispensario médico, y para más de 350 comunidades construyeran escuelas utilizando su propio trabajo.

Justo después de llegar al poder, se convirtió en el campeón de la emancipación y los derechos de las mujeres en África. De hecho, esto fue confirmado por su prohibición de la mutilación genital femenina; su abolición de los matrimonios forzados, los matrimonios infantiles y la poligamia; así como por sus políticas y esfuerzos alentando a las mujeres a asumir puestos de liderazgo en el gobierno y la sociedad, especialmente al nombrar a mujeres para altos cargos gubernamentales y alentarlas a trabajar fuera del hogar y permanecer en la escuela, incluso si quedan embarazadas. Cuando escribió eso:

"La revolución y la liberación de las mujeres van juntas. No hablamos de la emancipación de las mujeres como un acto de caridad o debido a un aumento de la compasión humana. Es una necesidad básica para el triunfo de la revolución. Las mujeres sostienen la otra mitad del cielo",

Era un reflejo de su determinación de mejorar el bienestar de las mujeres en su país y África.

****

Sankara siguió una política exterior que no condonó el imperialismo y alentó la cooperación basada en el respeto y el reconocimiento de los intereses de Burkina Faso, así como el interés de las otras partes que se ocupan de Burkina Faso.

Sankara y Fidel Castro de Cuba

Esto hizo que su gobierno evitara toda ayuda externa, presionando para reducir la deuda de una manera audaz, nacionalizando toda la riqueza de tierras y minerales, evitando así el poder y la influencia del Fondo Monetario Internacional (FMI) y su institución financiera hermana, el Banco Mundial.

Una de las razones por las que las élites mundiales esperaban que Burkina Faso continuara haciendo una reverencia a su antiguo maestro colonial y a las instituciones financieras internacionales fue porque era uno de los países más pobres del mundo en ese momento. Pero Sankara era diferente. Estaba firmemente convencido de que el país podría recuperarse y sostenerse sin ayuda extranjera. Incluso fue tan lejos como para rechazar paquetes de ayuda del Fondo Monetario Internacional, "asistencia" que el organismo financiero internacional brindó con condiciones adjuntas que comprometieron la soberanía de Burkina Faso, tal como él lo vio. Articuló esta postura de independencia a través de numerosos escritos, discursos, entrevistas y otros intercambios. Desafortunadamente, al personificar la rectitud en un período justo después de la independencia de la década de 1960, cuando la mayoría de los líderes revolucionarios, pan-Áfricanistas y audaces del continente habían sido asesinados, derrocados, intimidados o humillados por amenazas, sanciones, sabotaje y otras medidas activas; Sankara apareció como una voz en el desierto. Pensó que había encontrado un foro para vender su cruzada en la cumbre de Julio de 1987 de la Organización de la Unidad Áfricana, donde trató de persuadir a los jefes de estado de otros países Africanos para que actuaran colectivamente y no pagaran sus deudas financieras con sus antiguos colonizadores declarando ese:

"Los orígenes de la deuda se remontan a los orígenes del colonialismo... No podemos pagar la deuda porque no somos responsables de esta deuda. Por el contrario, otros nos deben algo que ningún dinero puede pagar. Es decir, la deuda de sangre..."

A pesar de que los revolucionarios programas de autosuficiencia de Sankara lo transformaron en un ícono a los ojos de muchos de los pobres de África y aumentaron su popularidad con la mayoría de los ciudadanos empobrecidos de Burkina Faso, sus políticas socavaron los intereses creados de una amplia gama de grupos (el Los burgueses Francófilos de clase media, los líderes tribales que se molestaron por el hecho de que los despojó de sus privilegios tradicionales de larga data para el trabajo forzado y el pago de tributos, y Francia y su aliado Costa de Marfil bajo Félix Houphouet-Boigny, a quien consideraba títere de Francia). Entonces, cuando Blaise Compaoré orquestó su derrocamiento y asesinato el 15 de Octubre de 1987, muchas personas (los Burkinabes y los no Burkinabes) se quedaron preguntándose si no lo veía venir. Después de todo, había declarado una semana antes de su asesinato que:

"Si bien los revolucionarios como individuos pueden ser asesinados, no puedes matar ideas."

Su intuición estaba en juego, pero no parecía ser del tipo que estaba preparado para atravesar los horrores de investigar y eliminar a aquellos con los que había estado trabajando estrechamente. Él, como muchas grandes figuras de la historia, entendió que la traición por tus seres queridos no es su culpa, especialmente si usted, como líder, nunca tuvo malas intenciones contra sus socios o camaradas. De hecho, él estaba teniendo una copia de un discurso con él en la mañana de su muerte que había preparado la noche anterior para tender un puente sobre las divisiones ideológicas que crecían entre las facciones enemistadas en su gobierno. Un extracto de eso dice así:

"Cualesquiera que sean las contradicciones, cualesquiera que sean las oposiciones, se encontrarán soluciones mientras la confianza reina..." Pero no pudo leer ese discurso en la reunión del consejo esa mañana porque los disparos de ametralladora interrumpieron el proceso justo antes de que comenzara, seguido de gritos que ordenaban que todos salieran. Hizo saber a sus ministros asustados que él era el que buscaban los pistoleros, les ordenó quedarse, levantó las manos en el aire y salió para encontrar a sus guardaespaldas muertos en las escaleras. El escuadrón de soldados atacantes abrió fuego contra él en un instante.

Cuando la noticia del asesinato de Thomas Sankara el 15 de Octubre de 1987 salió poco después de que él y otros doce funcionarios fueron asesinados en un golpe de estado organizado por su antiguo colega Blaise Compaoré, fue recibido con indignación, tristeza, aprensión e incredulidad en todos los países del mundo. Pero en ninguna parte el dolor fue tan grande como en Burkina Faso y el resto de África, donde las masas le consideraban el faro de la esperanza en un continente dominado por líderes con la disposición del mal, la mayoría de los cuales eran marionetas de potencias extranjeras. Blaise Compaoré no solo se aseguró de que Sankara fuera enterrado en una tumba sin nombre, sino que profanó aún más el legado de Sankara al revertir la mayoría de sus políticas y al realinear Burkina Faso con esos líderes extranjeros y países que eran hostiles a Sankara, especialmente Francia, el antiguo maestro colonial. Muchas personas versadas en historia no perdieron el tiempo comparando a Blaise Compaoré con el Bruto (Marco Julio Bruto), un político de la República

Romana que participó en el asesinato de su amigo cercano, el Emperador Romano Julio César.

El hecho de que Blaise Compaoré haría arrestar a Henri Zongo y Jean-Baptiste Boukary Lingani, con quienes inicialmente había estado gobernando en un triunvirato; El hecho de que los acusaría de conspirar para derrocar al gobierno, y luego los juzgó y ejecutó sumariamente en Septiembre de 1989, demostró que Sankara era un miembro confiado y confiable en ese grupo que tomó el poder en 1983 y comenzó la Revolución de Burkinabé.

La búsqueda de Sankara para realizar los programas más ambiciosos para el cambio social y económico jamás intentados en el continente Áfricano terminó como un sueño parcialmente realizado, pero uno que es apreciado por despertar las esperanzas de la juventud Áfricana. Hoy, es una leyenda en su país y África treinta años después de su muerte.

Antonio de Figueiredo, periodista, activista y locutor que hizo campaña por la liberación de las colonias Áfricanas de Portugal, y que hizo más que nadie para llamar la atención del mundo angloparlante sobre el tema de la opresión colonial en Angola, Mozambique, Guinea y Cabo Verde, entendió la magnitud de la influencia de Thomas Sankara cuando escribió en Febrero de 2008 que:

"África y el mundo aún no se han recuperado del asesinato de Sankara. Del mismo modo que todavía tenemos que recuperarnos de la pérdida de Patrice Lumumba, Kwame Nkrumah, Eduardo Mondlane, Amílcar Cabral, Steve Biko, Samora Machel y, más

recientemente, John Garang, por nombrar solo algunos. Si bien las fuerzas malévolas no han utilizado los mismos métodos para eliminar a cada uno de estos grandes Pan-Áfricanistas, se han guiado por el mismo motivo: mantener a África encadenada."

Thomas Sankara, el revolucionario y efímero jefe de estado de Burkina Faso que redujo su salario a $ 450 dólares, vendió la flota gubernamental de automóviles Mercedes-Benz, prohibió la asignación de chóferes para funcionarios del gobierno e hizo del Renault 5 el automóvil oficial, se convirtió en un héroe derribado que fue conmemorado en ceremonias que tuvieron lugar en Burkina Faso, Malí, Senegal, Níger, Tanzania, Burundi, Francia, Canadá y Estados Unidos el 15 de Octubre de 2007, veinte años después de su asesinato. La leyenda Áfricana profundamente extrañada que fue eliminada de la arena geopolítica por las fuerzas neocoloniales de este mundo y sus títeres y compradores Africanos, justo cuando él comenzó a revivir el sueño del pan-Áfricanismo, fue exhumada en 2015, tras una solicitud de su familia.

La exhumación tuvo lugar un año después del levantamiento popular que obligó a Blaise Compare a abandonar el poder y lo obligó a huir de Burkina Faso al exilio en la vecina Costa de Marfil. La ira pública contra Blaise Compaoré que se había estado acumulando desde el asesinato de Sankara en 1987 se extendió a las calles después del intento de Compaoré en 2014 de cambiar la constitución que le habría permitido postularse nuevamente para el cargo por quinta vez y por dos términos más en qué generalmente se consideran disfraces electorales, una tendencia que se observa en los regímenes autoritarios e híbridos, especialmente en el África francófona en la que las elecciones que se llevan a cabo están predeterminadas, lo que implica un proceso en que el actual régimen simula que todo el proceso parezca democrático, ocultando así el autoritarismo de sus sistemas políticos bajo un delgado velo de legitimidad electoral. El plan de juego también involucra a sus titiriteros, las grandes potencias, generalmente occidentales, dando su aprobación a la mascarada con mensajes de felicitación a los jefes de estado en ejercicio o sus sucesores elegidos, reconociendo efectivamente los resultados de las elecciones, y mantener al comprador y al sistema en contra de los intereses de las personas y del país. Blaise Compaoré estaba tratando de emular como Paul Biya de Camerún (en el poder desde 1982), quien cambió la constitución del país nuevamente en 2008 para permitirle dos períodos de siete años en el cargo, y luego usó sus fuerzas de seguridad para aplastar a los cameruneses que salió a las calles para mostrar su desaprobación, matando a 150 manifestantes en el proceso; pero no era tan astuto como su homólogo camerunés, que era aún más impopular, pero logró escapar con su apuesta.

Un informe de autopsia que se realizó sobre los restos exhumados de Thomas Sankara reveló que el revolucionario antiimperialista murió a causa de más de una docena de heridas de bala. Eso anuló la débil afirmación de que sus asesinos lo mataron por error --- su antiguo amigo y sucesor más cercano trató de convencer al mundo de creer que eso fue lo que sucedió. Como dijo Ambroise Farama, uno de los abogados que representa a la familia Sankara, fue. ".. *alucinante ... Se podría decir que estaba pura y simplemente acribillado a balazos ...*" Por el contrario, las autopsias en los cuerpos de los otros 12 Los soldados que fueron asesinados y enterrados con Sankara en 1987 revelaron que solo habían sufrido una o dos heridas de bala.

Burkina Faso restauró el legado de Thomas Sankara como revolucionario, pan-Áfricanista, ambientalista, feminista y humanitario con una estatua de bronce en la ciudad capital de Uagadugú en Marzo de 2019. Sin embargo, la estatua sería corregida un año después en Mayo de 2020, lo que lo hace más imponente y más real a la vida que el anterior.

Una estatua de Thomas Sankara en Mayo de 2020

Tres décadas después del asesinato de Thomas Sankara, los jóvenes de África que están tratando de orientarse, aún reservan un lugar alto para el ícono revolucionario Áfricano como una de esas raras figuras contemporáneas que ha producido el continente que puede ser aclamado como modelo. y una figura para identificarse. Su legado se expande rápidamente más allá de África a medida que más y más personas lo reconocen como un precursor de la lucha ambiental, como una figura destacada en la causa contra el globalismo financiero, como un defensor del impago de deudas ilegítimas y como un prototipo de desarrollo autosuficiente contra el modelo liberal de desarrollo que beneficia solo a una pequeña minoría.

De hecho, hoy en día, numerosos libros, artículos y otras obras de arte glorifican a la abnegada leyenda Áfricana que asumió la colosal tarea de poner a la gente de pie y mostrarles el camino hacia un futuro desprovisto de influencia neocolonialista envuelto en el comercio y las finanzas. y culturas importadas que socavan la fuerza de los valores comunalistas Africanos y lo sagrado de la familia.

Mapa Político de los Países Africanos

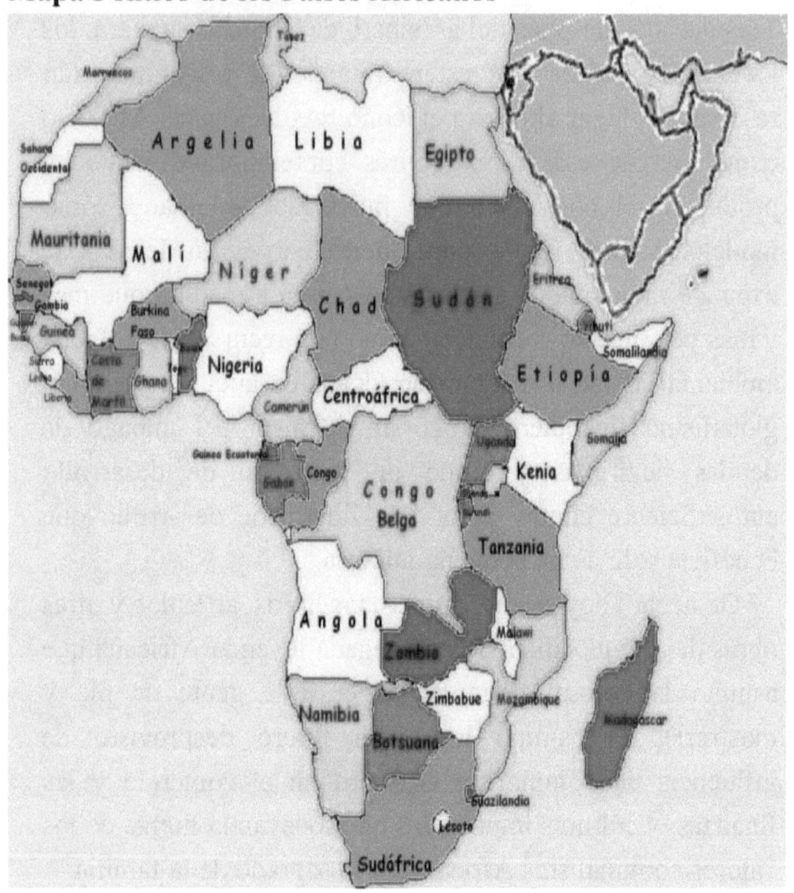

Índice de Democracia: África y el Mundo

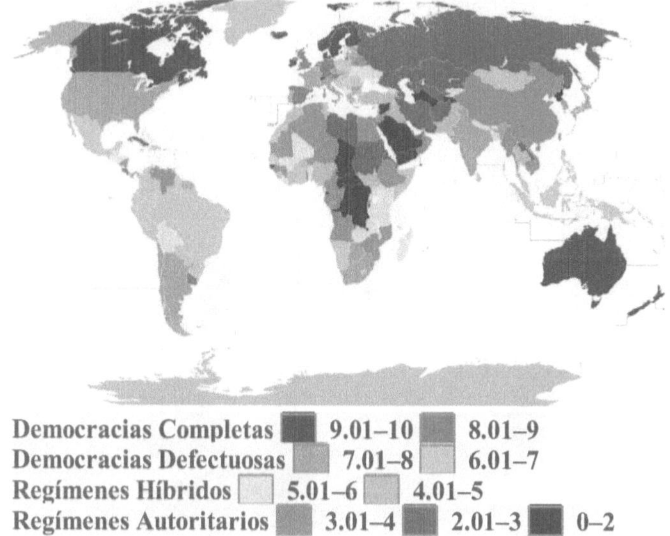

Capítulo Cuatros

Muamar al-Gadafi

CITAS DE MUAMAR GADAFI

"Debe haber una revolución mundial que ponga fin a todas las condiciones materialistas que impiden a la mujer desempeñar su papel natural en la vida y la llevan a cumplir los deberes del hombre para ser igual en derechos."

"Las naciones cuyo nacionalismo es destruido están sujetas a la ruina."

"Falta la libertad del hombre si alguien más controla lo que necesita, porque la necesidad puede resultar en la esclavitud del hombre."

"Una vez que un gobernante se vuelve religioso, te resulta imposible debatir con él. Una vez que alguien gobierna en nombre de la religión, sus vidas se convierten en un infierno."

"Que la gente libre del mundo sepa que podríamos haber negociado y vendido nuestra causa a cambio de una vida personal segura y estable. Recibimos muchas ofertas en este sentido, pero elegimos estar a la vanguardia de la confrontación como una insignia de deber y honor."

"No tengo nada más que desprecio por la noción de una bomba islámica. No hay tal cosa como una bomba islámica o una bomba cristiana. Cualquier arma de este tipo es un medio de aterrorizar a la humanidad, y estamos en contra de la fabricación y adquisición de armas nucleares. Esto está en línea con nuestra definición y oposición al terrorismo. "

"No participaré en una conspiración para movilizar a los Árabes contra los persas. Solo las fuerzas del colonialismo se benefician de tal conspiración. No participaré en una conspiración que divide el Islam en dos — el Islam Chiíta y el Islam sunita —movilizando el Islam sunita contra el Islam Chiita."

"Los tiempos del nacionalismo Árabe y la unidad se han ido para siempre. Estas ideas que movilizaron a las masas son solo una moneda sin valor. Libia ha tenido que soportar demasiado de los Árabes para quienes ha derramado sangre y dinero."

Líbia en un Mapa del Mundo

Líbia en un Mapa del Mundo Árabe

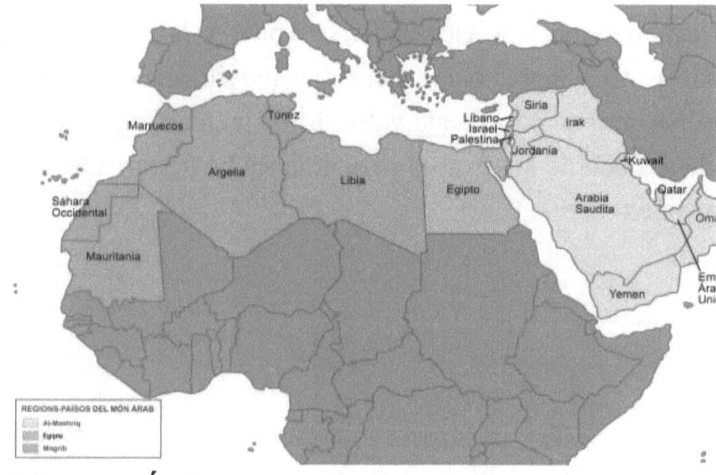

A Primavera Árabe

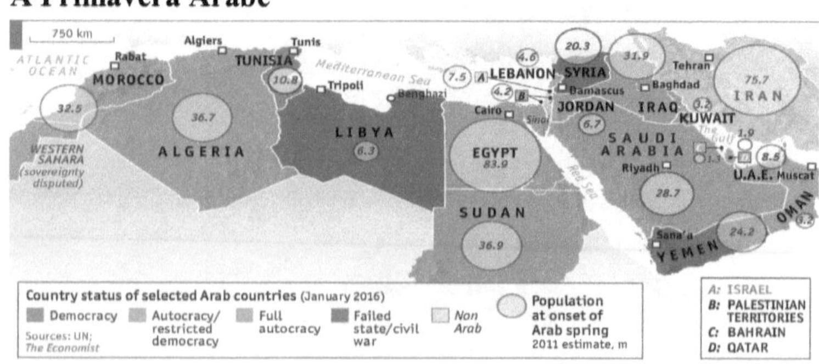

Mapa Político de los Países Africanos

Mapa de Partición de África: 1884-1914

La independencia de los países africanos

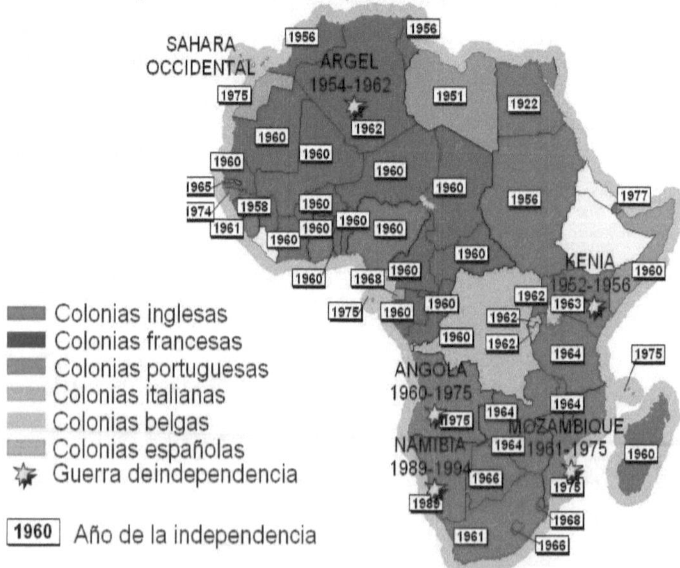

Mapa Administrativo de Líbia

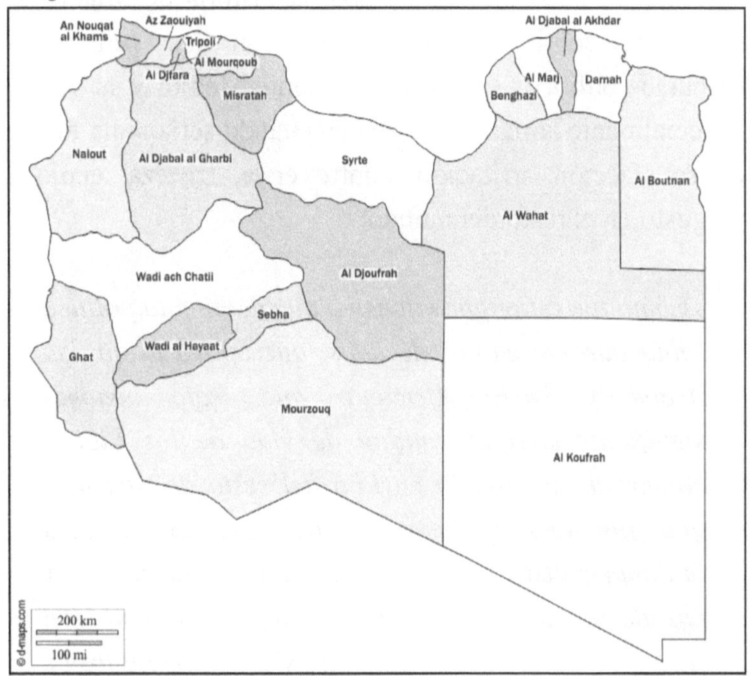

Los Recursos Naturales de la Región Centro-Áfricana

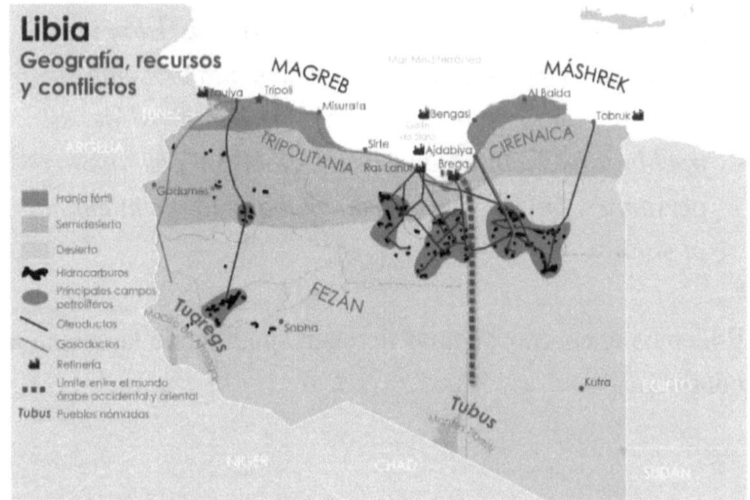

Durante un poco más de tiempo, la historia de Muammar al-Gadafi continuará apareciendo en los principales discursos políticos en África y Oriente Medio; y su vida y especialmente la muerte de vez en cuando serían una fuente de satisfacción, irritación, controversia, tristeza, enojo y disgusto en el resto del mundo.

> *¿Cómo fue esta figura divisiva que dominó la política Libia durante cuatro décadas, que apoyó la unidad Árabe y luego Áfricana, que trajo mejoras significativas a la calidad de vida de los Libios, convirtiéndolos en la envidia del resto de África, y que fue alabado por algunos por su postura antiimperialista, terminó aislado, perseguido y cazado por la OTAN (Organización del Tratado del Atlántico Norte) y finalmente asesinado por Libios en una guerra civil donde sus enemigos extranjeros lucharon con los rebeldes Libios? ¿Por qué fue fuertemente opuesto por fundamentalistas islámicos, condenados por las potencias occidentales como un dictador que violó los derechos humanos de su pueblo y financió el terrorismo global, y por qué las personas con las que quería trabajar lo mantenían alejado?*

Podemos encontrar algunas de las respuestas de la cuenta a continuación.

****

El controvertido Muammar al-Gadafi, que fue el jefe de estado más antiguo en África hasta su expulsión y muerte el 20 de Octubre de 2011, nació el 7 de Junio de 1942, en una familia tribal llamada al-Qadhafah en el asentamiento costero central de Sirte, Libia en un momento en que Libia era una colonia Italiana. Cuando en 1951, Libia obtuvo la independencia como el Reino Unido de Libia, y como una monarquía constitucional y hereditaria bajo el Rey Idris, aliado de Occidente; Gadafi apenas sabía lo que sucedía a su alrededor. Sin embargo, el movimiento nacionalista Árabe lo influiría mucho en su juventud, y él admiraría a su líder, el hombre fuerte Egipcio Gamal Abdel Nasser, hasta el punto en que decidió convertirse en un soldado como su héroe Egipcio, un sueño que cumplió al ingresar el colegio militar en la ciudad de Bengasi, en el este de Libia, en 1961. Eventualmente pasaría cuatro meses de entrenamiento militar en el Reino Unido.

En Libia, Gadafi ascendió constantemente entre los militares a medida que la explotación del petróleo traía riqueza al país. Sin embargo, el descontento creció por la mayor concentración de la riqueza de la nación en manos del Rey Idris. Fue durante este tiempo que el talentoso y carismático Gadafi se involucró con un movimiento de jóvenes oficiales empeñados en derrocar al rey. Eventualmente ascendería al poder en el grupo a la posición de liderazgo. El 1 de Septiembre de 1969, el grupo derrocó al Rey Idris mientras estaba en el extranjero en Turquía para recibir tratamiento médico y nombró a Gadafi comandante en jefe de las fuerzas armadas y presidente del Consejo de Comando Revolucionario, el nuevo cuerpo gobernante de Libia, convirtiéndolo efectivamente en el gobernante de Libia a los veintisiete años.

Una de las primeras medidas que tomaron las nuevas autoridades para sellar su autoridad sobre el país del norte de África fue el cierre inmediato de las bases militares estadounidenses y británicas en Libia y su fuerte demanda de que las compañías petroleras extranjeras en el país compartan una mayor proporción de los ingresos con Libia. Ese mismo año, prohibieron la venta de alcohol y reemplazaron el calendario gregoriano por el islámico.

Un intento fallido de golpe de estado por parte de sus compañeros oficiales en Diciembre de 1969 haría que Gadafi pusiera en práctica leyes que penalizan la disidencia política. Expulsó a los Italianos restantes de Libia en 1970 y enfatizó lo que vio como una batalla entre el nacionalismo Árabe y el imperialismo occidental. Esto también lo vería muy expresivo en su oposición al sionismo e Israel, culminando en su expulsión de la comunidad judía del país. A medida que las relaciones con Occidente se deterioraron cada vez más, el círculo interno de personas confiables de Gadafi se hizo cada vez más pequeño, resultando en un estado policial cuyos agentes de inteligencia fueron lo suficientemente audaces como para perseguir incluso a los Libios que vivían en el exilio y que se consideraba que trabajaban con los enemigos del estado Libio.

Los primeros años del gobierno de Gadafi lo vieron haciendo intentos vigorosos para orientar a Libia lejos de Occidente hacia Oriente Medio y África. Sin embargo, Libia entraría en un conflicto militar con Egipto y Sudán después de que se inclinaran hacia el oeste tras la firma del acuerdo de paz Egipcio-Israelí entre el sucesor de Nasser, Anwar Sadat, y el primer ministro de derecha de Israel Menachem Begin. Libia incluso se involucraría en la sangrienta guerra civil en Chad contra la facción pro-Francesa en el conflicto.

****

Cuando en la década de 1970 Gadafi publicó el primer volumen del Libro Verde, que es un trabajo de tres volúmenes que describe los problemas inherentes a la democracia liberal y el capitalismo, ello levantó cejas porque sus oponentes lo vieron como algo más que una explicación de su filosofía política. De hecho, el libro tenía como objetivo promover sus políticas como remedio a los problemas descritos. Sus otras afirmaciones de que su Nueva Libia se jactaba de los comités populares y de la propiedad compartida, generó inquietudes en varios sectores, a pesar de que las ideas en el libro no se reflejaron en el terreno en Libia de la manera que él afirmó.

A pesar de que el nivel de vida del Libio promedio bajo su gobierno mejoró hasta el punto de convertirse en el mejor de África, los enemigos extranjeros de Gadafi no fueron los únicos que notaron una dosis de excentricidad en su estilo de gobierno. El hecho de que él tenía un cuadro de guardaespaldas femeninas en talones a pesar de que Libia era un país Musulmán encaramado en una región donde los problemas de los derechos de las mujeres seguían siendo un remanso social; el hecho de que él se considerara el Rey de África después de que algunos líderes Africanos apreciaran su impulso por una Unión Áfricana y le concedieran el título; el hecho de que se sabía que levantaba una tienda de campaña para quedarse cuando viajaba al extranjero; el hecho de que vestía atuendos que, aunque reconocibles en varias partes de África, no se ajustaban a la norma diplomática; el hecho de que no era políticamente correcto y que a menudo decía lo que pensaba en un mundo donde la mayoría de los líderes preferían mantener las cosas bajo el radar; y el hecho de que no dejaría que Libia se convirtiera en vasallo de ninguna de las grandes potencias, lo convirtió en un cañón suelto en muchos de los círculos de poder.

De izquierda a derecha: Muamar Gadafi, Yasser Arafat de la Organización para la Liberación de Palestina, el Egipcio Abdel Nasser y el Rey Hussein de Jordania (1970)

Ronald Reagan, el 40 ° presidente de los Estados Unidos de América llamaría a Gadafi "El perro loco del Medio Oriente" después de concluir que el líder Libio no solo fue implacable en la represión de disidencia contra su gobierno autocrático en casa mientras sus agentes perseguían y mató a opositores en el extranjero, su gobierno también estuvo implicado en la financiación de muchos grupos anti occidentales de todo el mundo, incluidos grupos considerados organizaciones terroristas como el Baader Meinhof de Alemania, la Brigada Roja Japónesa, el Partido Republicano Irlandés y los numerosos Palestinos grupos que estaban luchando contra Israel. El hecho de que él también estaba apoyando varios movimientos de liberación en África como el Congreso Nacional Áfricano (ANC) en su campaña contra el Apartheid de Sudáfrica, el MPLA contra el maestro colonial Portugués en Angola, el

FRELIMO contra el dominio colonial Portugués en Mozambique, SWAPO contra el dominio colonial SudÁfricano en Namibia y POLISARIO contra la ocupación Marroquí del antiguo Sáhara Occidental Español en desafío al deseo colectivo de la gente del territorio y la comunidad internacional; y el hecho de que él financiara golpes de estado contra jefes de estado Africanos que consideraba títeres occidentales, lo volvieron irritante en el mundo de las "naciones civilizadas."

Después de un bombardeo en 1986 de un club de baile de Berlín Occidental en Alemania que mató a tres e hirió a decenas de personas, Estados Unidos culpó a Libia por el ataque terrorista y a Estados Unidos. El presidente Ronald Reagan ordenó el bombardeo de objetivos específicos en Libia, incluida la residencia de Gadafi en la capital Libia de Trípoli. En la campaña, Estados Unidos perdió un avión que fue derribado, lo que resultó en la muerte de dos de los miembros de su tripulación. Gadafi no murió en la campaña militar, pero Libia perdió a 45 soldados y funcionarios, y entre 15 y 30 civiles, incluida una joven que Gadafi afirmó, era su hija adoptiva llamada Hanna. Además, decenas de equipos militares del país del norte de África fueron destruidos.

Libia fue acusada de llevar a cabo el bombardeo de Lockerbie en 1988 cuando un avión que transportaba a 259 personas explotó cerca de Lockerbie, Escocia, matando a todos los pasajeros a bordo. La caída de escombros resultante mataría a 11 civiles adicionales en el suelo. Las Naciones Unidas pusieron a Libia bajo sanciones por estar implicada en el atentado. Pero eso no fue todo. También se creía que varios Libios, incluido un suegro de Gadafi, estaban detrás de la explosión del avión de pasajeros Francés UTA Flight 772 en 1989, matando a los 170 pasajeros a bordo del avión, incluida Bonnie Barnes Pugh, la esposa de Robert L. Pugh, quien fue el embajador de los Estados Unidos en la República de Chad, el principal vecino del sur de Libia.

Se cree que el acercamiento que comenzó en la década de 1990 entre Libia y Occidente se debió a los hijos de Gadafi que se inclinaban hacia el oeste y lograron convencer al líder Libio de que todo estaría bien si arreglaba los lazos con las potencias occidentales. Sin embargo, la descongelación de la relación entre Gadafi y Occidente estaba ocurriendo en un momento de creciente amenaza de los islamistas que se oponían a su gobierno. Comenzó a compartir información con los servicios de inteligencia Británicos y estadounidenses sobre cómo contener y neutralizar este creciente fundamentalismo islámico.

Entonces, cuando en 1994, el nuevo presidente de Sudáfrica y jefe del partido gobernante del país el Congreso Nacional Áfricano — *African National Congress (ANC)* — Nelson Mandela (había pasado 27 años en la cárcel del Apartheid antes de su liberación en 1990 que comenzó el proceso pacífico en el desmantelamiento del apartheid) visitó Libia a pesar de que el país del norte de África estaba bajo una prohibición de viaje internacional, las potencias occidentales no estaban contentas con eso. Sin embargo, Nelson Mandela persuadió al líder Libio de entregar los dos ciudadanos Libios que los Estados Unidos de América y sus aliados occidentales sospechaban de haber planeado el atentado de Lockerbie. El mundo se sorprendió de que Gadafi aceptara hacerlo. El líder Libio confió en Nelson Mandela, quien resultó ser el único líder extranjero que visitó Libia durante el embargo de dos décadas sobre el país y una década de prohibición de vuelos. El exprisionero político y presidente SudÁfricano en ese momento realizó el exigente viaje por tierra desde Egipto a Libia en agradecimiento por el ferviente apoyo de Libia a las fuerzas SudÁfricanas contra el apartheid en su lucha contra el gobierno de la minoría blanca del sistema del apartheid en Sudáfrica. La visita del famoso ícono anti-Apartheid y estadista SudÁfricano marcaron el comienzo de la reparación de las relaciones con Occidente en muchos frentes, y parecieron anunciar una nueva era en las relaciones Libio-occidentales. De hecho, fue durante la década de 1990 que Gadafi dejó de brindar apoyo financiero, material y humano a los diversos movimientos panárabes y Pan-Africanos, especialmente a los grupos Palestinos. En cambio, se centró en levantar las sanciones contra Libia. Hay una escuela de pensamiento que él se dio por vencido con los Palestinos después de que la Organización para la Liberación de Palestina (OLP) de Yasser Arafat no le informara de las negociaciones secretas que estaban llevando a cabo con los Israelíes que eventualmente llevaron a la firma de los Acuerdos de Oslo I del 13 de Septiembre de 1993 sobre alcanzar la paz acuerdo entre Israel y los Palestinos. Su estatus de paria en ese momento se debió principalmente a las acciones de Libia en apoyo de los Palestinos.

****

Los ataques terroristas del 11 de Septiembre de 2001 en los Estados Unidos de América alterarían el paisaje geoestratégico del mundo, especialmente cuando George W. Bush, el 43º presidente de los Estados Unidos de América declaró que "O estás con nosotros o estás contra nosotros." Se susurró en círculos altos poco después de esos ataques que Estados Unidos tenía la intención de derrocar a los regímenes en aquellos países que George Bush acusó de ser el" Eje del Mal ", que comprende Irán, Irak, Corea del Norte, Cuba, Libia, Sudán y Siria. Entonces, cuando Libia resolvió pacíficamente con los Estados Unidos de América en Diciembre de 2003 para eliminar su programa de armas de destrucción masiva, incluido un programa de armas nucleares de décadas, muchas personas dudaron de la afirmación del líder Libio de que su razón para querer eliminar el programa fue porque no quería que los terroristas se apoderaran de esas armas. En su lugar, sostuvieron que Gadafi se deshizo de su programa de armas de destrucción masiva debido a las amenazas hechas por los Estados Unidos de América que no podía soportar, y que el sucumbió a las demandas estadounidenses solo para apaciguarlas.

Muchos críticos de Gadafi no estaban contentos de que el líder Libio fuera bienvenido en las capitales occidentales.

Cuando el primer ministro Italiano, Silvio Berlusconi, se jactó públicamente de que estaba entre los amigos cercanos de Gadafi, muchos críticos del hombre fuerte Libio se preguntaron si la nueva amistad de Gadafi y Occidente no se basaba en los negocios y el acceso al petróleo Libio.

Durante años, los hijos de Gadafi, y más especialmente su hijo y heredero aparente, Seif al-Islam Gadafi, se mezclaron libremente con la alta sociedad de Londres y otras altas sociedades en varias partes de Europa y América. Como para recompensar a Libia y a su hombre fuerte por "cambiar sus formas", las Naciones Unidas suavizaron las sanciones contra Libia en 2001, lo que facilitó a las compañías petroleras extranjeras elaborar nuevos y lucrativos contratos para operar libremente en el país. El resultado no fue solo una inyección masiva de capital en Libia, sino también una mejora en el nivel de vida, más libertad en el país y una mayor exposición al mundo exterior.

2010: Gadafi y otros jefes de estado Africanos

Cuando algunos Árabes acusaron a Gadafi de dar a Israel una ventaja estratégica más fuerte en la región con el desarme, de dar crédito a la doctrina estadounidense de guerra preventiva y de no obtener garantías de seguridad para Libia y el mundo Árabe. El gobierno Libio y sus partidarios respondieron que renunciar a su programa de armas nucleares permitió a Libia volver al redil de la comunidad internacional de naciones, obtener un asiento temporal en el Consejo de Seguridad de las Naciones Unidas y ahorrar algo de dinero para invertir en el pueblo Libio y en el desarrollo del país.

Muchos partidarios de Gadafi, especialmente en África, sostienen que Gadafi aprovechó el resurgimiento económico de Libia en el capital político en el continente y comenzó a promover la rápida realización de una Unión Económica Áfricana con una moneda respaldada por el oro llamada Dinar que habría reducido efectivamente el papel neocolonialista dominante de Francia en África Francófona, y como resultado, se volvió intolerable a los ojos de Francia y sus aliados occidentales. Sin embargo, sus críticos piensan que su gobierno dictatorial, su obstinación y su incapacidad para adaptarse al clamor por la democracia y la libertad desencadenaron la protesta contra su gobierno, una demanda de un cambio fundamental del sistema que degeneró en un levantamiento, y luego en una guerra civil.

Gadafi y el Presidente Francés, Nicolas Sarkozy, en 2007

****

Gadafi inicialmente pensó que la Primavera Árabe que comenzó en Túnez, el vecino oriental de Libia, en Enero de 2011, y luego se extendió al vecino occidental de Libia, Egipto, el próximo mes, lo que resultó en la expulsión de Zine El Abidine Ben Ali y Hosni Mubarak de Túnez y Egipto, respectivamente, pasaría por alto a Libia. Pero ese no fue el caso. Había estado en el poder durante cuatro décadas y no podía ser insensible a la oposición. Los cambios políticos en los vecinos orientales y occidentales de Libia elevaron la moral de los ciudadanos de los distintos países Árabes para protestar. En Libia, estallaron manifestaciones en la ciudad oriental de Bengasi, que es la segunda ciudad más grande de Libia, conocida por su historia de oposición a la ciudad capital de Trípoli, y luego se extendió por toda Libia, a pesar de las medidas de zanahoria y palo emprendidas por el régimen de Gadafi para mitigar la situación.

Las primeras medidas indecisas de Gadafi envalentonaron a los manifestantes y el enfrentamiento rápidamente degeneró en un levantamiento armado. Sus críticos lo acusaron de escalar la situación, de llevar a cabo una represión sangrienta y de usar mercenarios extranjeros. Gadafi, por su parte, afirmó que los manifestantes eran traidores, extranjeros, seguidores de Al Qaeda y drogadictos Instó a sus seguidores a continuar la lucha contra la nueva resistencia.

A finales de Febrero de 2011, los rebeldes habían formado un órgano rector llamado Consejo Nacional de Transición en Febrero de 2011. A finales de Marzo, una coalición de la OTAN liderada por Francia comenzó a brindar apoyo a las fuerzas rebeldes en forma de ataques aéreos y una zona de exclusión aérea, con apoyo logístico proporcionado por los Estados Unidos de América. La intervención militar de la OTAN en los próximos seis meses destruiría la Fuerza Aérea de Libia y diezmaría las Fuerzas Armadas del país, de modo que la mayoría de los que luchaban por Gadafi terminaron siendo personas que no tenían conexión con el ejército regular. Los ataques de la OTAN demostraron ser decisivos ya que una ciudad Libia después de que la otra

cayó en manos de los rebeldes y cuando un ataque aéreo
mató al hijo menor de Gadafi, Saif al-Arab Gadafi, y
tres de sus nietos como el líder Libio y su esposa,
Safiyahs, asistían a una reunión de familia y amigos
organizado por su hijo Said al-Arab.

Cuando en Junio de 2011, la Corte Penal
Internacional emitió órdenes de arresto contra Gadafi, su
hijo Seif al-Islam y su cuñado por crímenes contra la
humanidad, el mundo entendió que los verdaderos
poderes habían desautorizado por completo a Gadafi y
que No había futuro para su régimen. Cuando un mes
después de las acusaciones, más de 30 países
reconocieron al NTC como el gobierno legítimo de
Libia, se entendió que Gadafi había perdido la guerra
civil.

Trípoli, la capital, cayó ante las fuerzas rebeldes a
fines de Agosto de 2011, provocando un fin simbólico
del gobierno de Gadafi cuando se retiró a Sirte, su
ciudad natal, a pesar de que la mayoría de sus enemigos
no podían decir con certeza dónde estaba. Básicamente
había perdido el control de Libia, pero no se pudo
determinar su paradero.

Entonces, cuando el 20 de Octubre de 2011, el
mundo se enteró de que Muammar al-Gadafi había
muerto cerca de su ciudad natal de Sirte, Libia, después
de que un ataque aéreo de la OTAN contra su convoy lo
obligó a esconderse en una zanja, de donde fue
descubierto por los combatientes que procedieron
matarlo, mucha gente encontró las noticias inquietantes.
Sin embargo, aparecieron videos que mostraban el

cuerpo ensangrentado de Gadafi arrastrado por combatientes rebeldes, luego su cadáver en exhibición, los últimos momentos en vivo de su otro hijo Mutassim Gadafi y más tarde el cuerpo sin vida de Mutassim después de haber sido ejecutado.

Si bien la noticia de la muerte de Gadafi se extendió, alentando a muchos Libios a salir a las calles en celebración de lo que muchos de ellos aclamaron como la culminación de su revolución y el comienzo de un nuevo capítulo en su historia, otros lo vieron como una prueba de que las antiguas potencias coloniales quienes no tenían los intereses del pueblo Libio en el fondo habían logrado derrotar a un gran baluarte contra la explotación y el control extranjeros adicionales o continuos de Libia y África. Este sentimiento se sintió profundamente en el Medio Oriente, y más especialmente en África, donde llegaron muchas noticias de que Gadafi había escondido oro y plata valorados en más de $ 7 mil millones, que pretendía usar para establecer una moneda Pan-Áfricana basada en el Dinar dorado Libio, una moneda que habría proporcionado a los países de África Francófona una moneda alternativa al Franco Francés (CFA) que se considera en muchos círculos como una de las herramientas del estrangulamiento Francés de sus antiguas colonias y territorios en África.

División de Libia por las Facciones Armadas: 2019

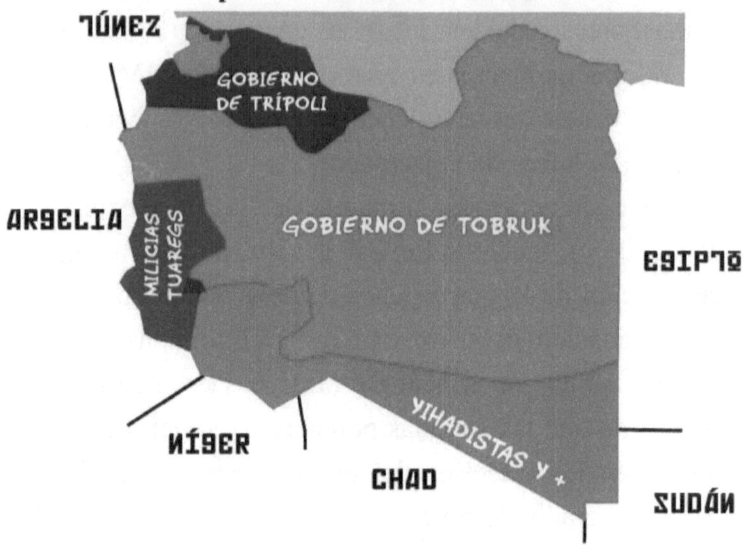

Mapa étnico y Tribal de Libia

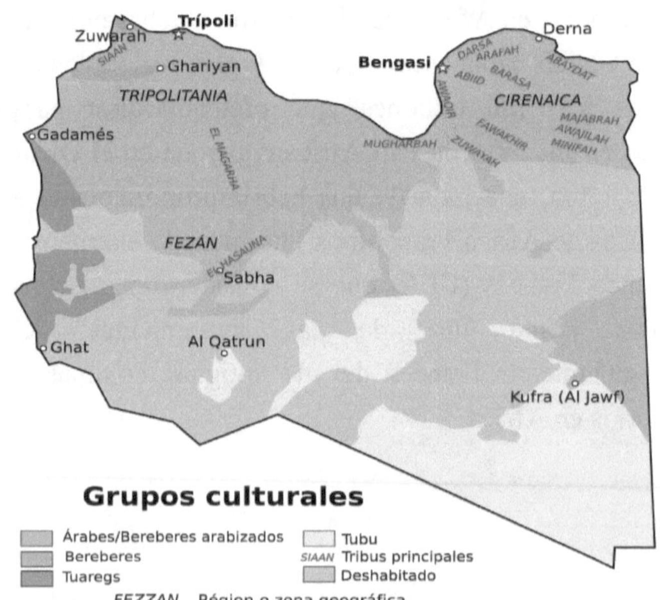

Los medios de comunicación (especialmente en el Medio Oriente) especularon que el derrocamiento y el asesináto de Gadafi harían que Irán, Corea del Norte y posiblemente otros países, sean más reacios a renunciar a sus programas nucleares y/o armas nucleares debido al riesgo de estar debilitado y/o doble cruce después. Muchos en África acusaron a las grandes potencias de doble rasero, preguntándose por qué las potencias occidentales se han codeado con dictadores Africanos como Paul Biya de Camerún (en el poder desde 1982), los Bongos (Omar, del 2 de Diciembre de 1967 - 08 de Junio de 2009, y ahora su hijo Ali desde el 16 de Octubre de 2009), los Eyademas (Gnassingbé, del 14 de Abril de 1967 - 5 de Febrero de 2005, y su hijo Fauré Essozimna desde el 04 de Mayo de 2005), dictadores que empobrecieron a su pueblo, son odiados en todos los ámbitos, e que flagrantemente organizan eleições fraudulentas para mantenerse en el poder, un sacrilegio a la democracia al que sus titiriteros hacen la vista gorda o dan sus bendiciones.

Mientras Libia después de Gadafi continúa envuelta en violencia seis años después de su muerte, los islamistas armados hacen que el país sea ingobernable, los señores de la guerra y las milicias armadas abundan y crean una situación que hace de Libia una colección de feudos, mientras dos gobiernos rivales reinan en el país, muchos se preguntan si Libia podría llegar pronto a un sistema operativo que sea mejor que el gobierno de Muammar Gadafi, quien era muy defectuoso, hambriento de poder, despiadado pero patriótico, que no pudo dejar atrás un legado pacífico que podría ser emulado por las generaciones futuras, un fracaso que hace posible que las fuerzas extranjeras que él deseaba mantener fuera de Libia tengan una mano libre para dar forma o no dar forma al futuro del país.

El efecto dominó de la guerra civil Libia se extendió por el norte y el oeste de África, cuando miles de combatientes, en su mayoría tuaregs étnicos de Malí y Níger que apoyaron a Gadafi o al NTC durante el conflicto, regresaron a sus países de origen con una amplia gama de armas y municiones, lo que desencadenó una serie de conflictos civiles en Níger, Malí, Argelia, Nigeria, Camerún, Chad y la República Centro-Áfricana. Hoy, hay poco clamor por una Unión Económica Áfricana, ya que ningún otro jefe de estado Áfricano ha dado un paso adelante para liderar el esfuerzo después de la muerte de Gadafi, dejando al continente hoy como la última frontera en una nueva lucha entre los poderes industriales del mundo para obtener los recursos menguantes del mundo.

Índice de Democracia: África y el Mundo

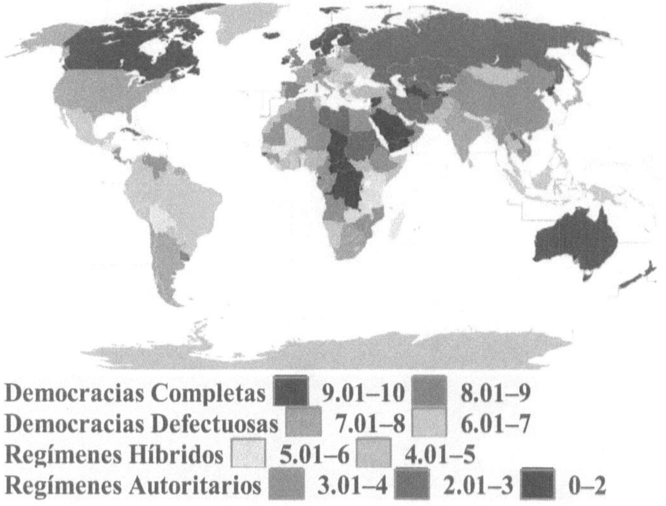

Democracias Completas ■ 9.01–10 ■ 8.01–9
Democracias Defectuosas ■ 7.01–8 ■ 6.01–7
Regímenes Híbridos ■ 5.01–6 ■ 4.01–5
Regímenes Autoritarios ■ 3.01–4 ■ 2.01–3 ■ 0–2

Mapa Político de los Países Africanos

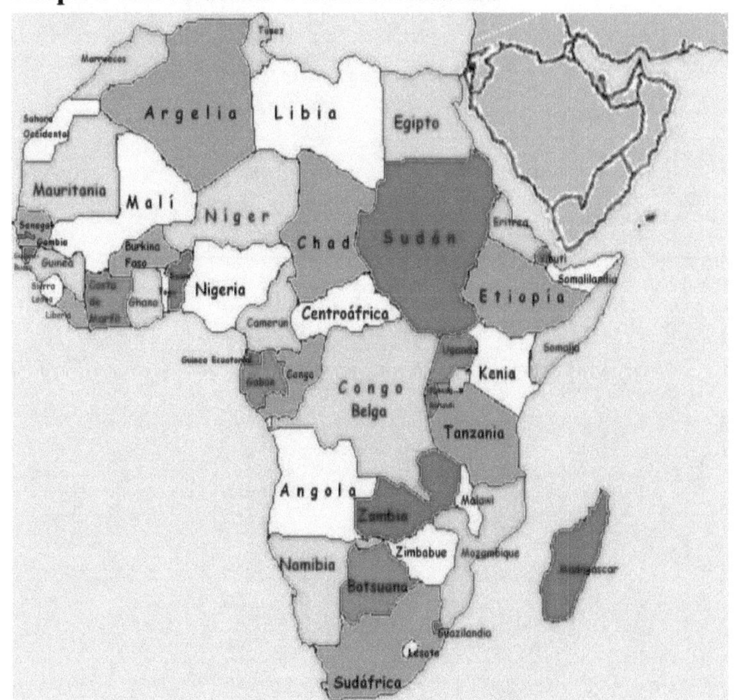

Capítulo Cinco

Anwar al-Sadat

CITAS DE ANWAR AL-SADAT

"La paz es mucho más preciosa que un pedazo de tierra ... no debería haber más guerras."

"El que no puede cambiar la estructura misma de su pensamiento nunca podrá cambiar la realidad."

"Solo puede haber esperanza para una sociedad que actúa como una gran familia, no como una familia separada."

"La mayoría de las personas buscan lo que no poseen y están esclavizadas por las mismas cosas que quieren adquirir."

"El miedo es, creo, la herramienta más efectiva para destruir el alma de un individuo, y el alma de un pueblo."

"El gran sufrimiento tiene un lado positivo por el que podemos estar agradecidos, porque construye a un ser humano y lo pone al alcance del autoconocimiento."

"Este [fundamentalismo] no es religión. Es obscenidad. Estas son mentiras, el uso criminal del poder religioso para engañar a las personas."

"No hay felicidad para las personas a expensas de otras personas."

"Creo que por la paz un hombre puede, incluso debería, hacer todo lo que esté en su poder. Nada en este mundo podría tener un rango más alto que la paz."

"Si no tienes la capacidad de cambiarte a ti mismo y a tus propias actitudes, entonces nada a tu alrededor puede cambiarse."

Los Rusos pueden darte armas, pero solo Estados Unidos puede darte una solución."

"No me importa el éxito socialmente reconocible. Solo valoro ese éxito que puedo sentir dentro de mí, que me satisface y que básicamente se deriva del autoconocimiento."

"Amar significa dar, y dar significa construir, mientras que odiar es destruir."

"Me criaron para creer que cómo me veía a mí mismo era más importante que cómo me veían los demás."

"Que no haya más guerra o derramamiento de sangre entre Árabes e Israelíes. Que no haya más sufrimiento o negación de derechos. Que no haya más desesperación o pérdida de fe."

"El verdadero éxito es el éxito consigo mismo. No está en tener cosas, sino en tener dominio, tener victoria sobre uno mismo."

"La fe significa que un hombre debe considerar cualquier desastre simplemente como un golpe determinado por el destino que debe ser soportado."

"Me criaron para creer que cómo me veía a mí mismo era más importante que cómo me veían los demás."

"Solo cuando haya dejado de necesitar cosas, un hombre puede ser verdaderamente su propio maestro y realmente existir."

"La tierra es inmortal, porque alberga los misterios de la creación."

"Que cada niña, que cada mujer, que cada madre aquí [en Israel], y allá en mi país [Egipto], sepan que resolveremos todos nuestros problemas a través de negociaciones alrededor de la mesa en lugar de comenzar una guerra."

Egito no Mapa do Mundo

Egipto en un Mapa del Mundo Árabe

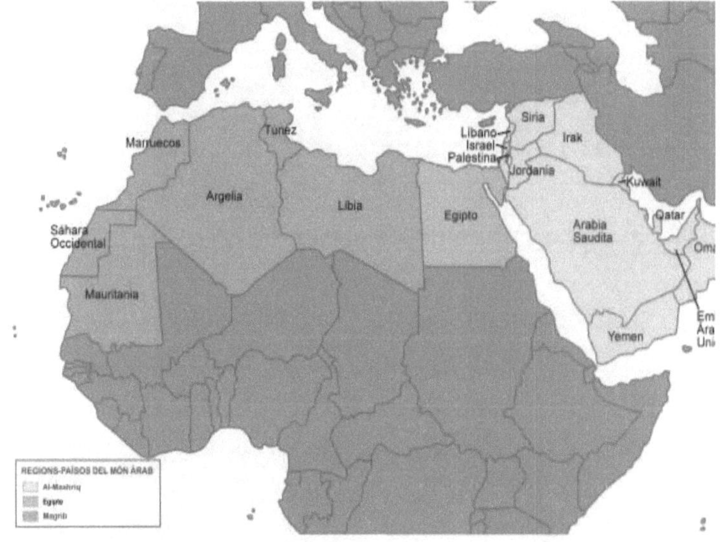

Mapa de Partición de África: 1884-1914

La independencia de los países africanos

Mapa Político de los Países Africanos

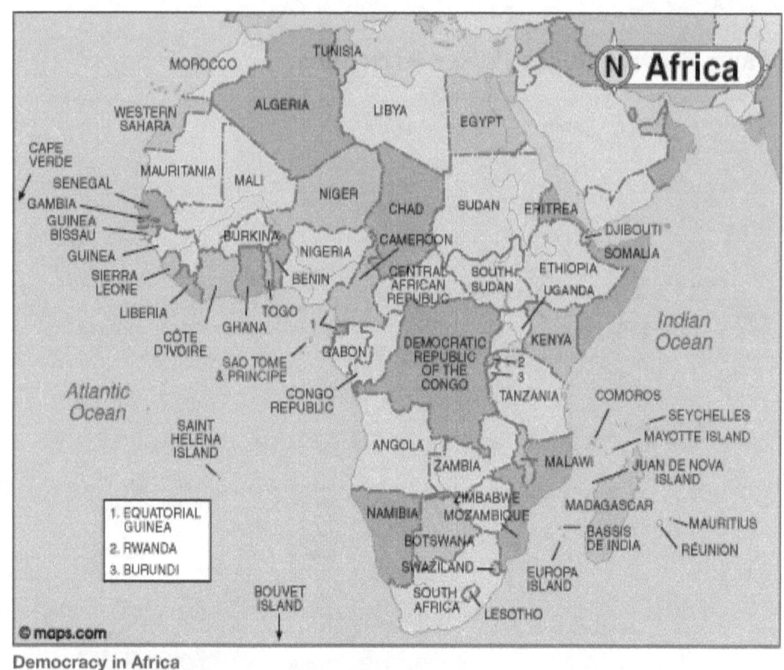

Democracy in Africa

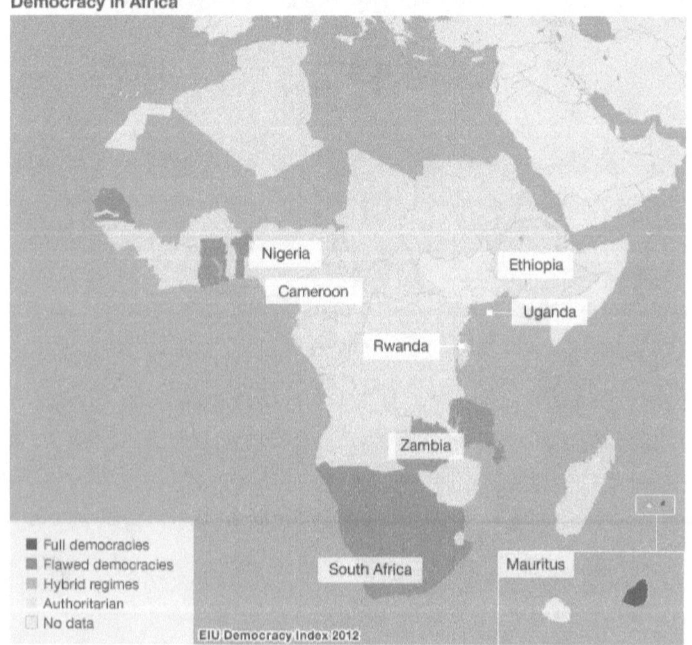

Anwar al-Sadat nació en el Alto Egipto el 25 de Diciembre de 1918, en una familia de 13 niños, y creció a 40 millas al norte de El Cairo en un momento en que Egipto era un protectorado Británico. El estado de Egipto bajo el control del Imperio Británico surgió de la paralizante deuda que obligó al gobierno Egipcio a vender sus intereses en el Canal de Suez de ingeniería Francesa al gobierno Británico.

Construido entre 1859 y 1869, el Canal de Suez es una vía fluvial artificial a nivel del mar en Egipto que conecta el Mar Mediterráneo con el Mar Rojo a través del Istmo de Suez. El canal ofrece a las embarcaciones un viaje más corto entre el Atlántico Norte y el norte del Océano Índico, reduciendo así el viaje en aproximadamente 7, 000 kilómetros (4, 300 millas). De hecho, los Británicos y los Franceses habían estado utilizando los recursos del canal para establecer un control político suficiente sobre Egipto que era lógico referirse a Egipto como una colonia británica.

Sadat se vería muy afectado por cuatro figuras en sus primeros años de vida:

- Zahran, de la aldea natal de Sadat, que fue colgado por los Británicos por un motín que resultó en la muerte de un oficial Británico.

- Kemal Ataturk, que creó el estado moderno de Turquía a partir de las cenizas del Imperio Otomano.

- Mohandas (Mahatma) Gandhi, quien había predicado el poder de la no violencia para combatir la injusticia mientras recorría Egipto en 1932.

- y finalmente Adolf Hitler, quien inicialmente fue

considerado por Sadat como alguien que podría ayudar a liberar a Egipto del control colonial Británico.

Cuando los Británicos crearon una escuela militar en Egipto en 1936 luego de un acuerdo con el partido Egipcio Wafd, Sadat se convirtió en uno de sus primeros estudiantes. Después de su graduación, el gobierno lo envió a Sudán, donde conoció a Gamal Abdel Nasser, con quien, junto con varios otros oficiales subalternos, formó los Oficiales Libres secretos, un movimiento dedicado a la revolución que liberaría a Egipto y Sudán del dominio del Británicos y la corrupción de la monarquía. Esta asociación política eventualmente los llevaría a la presidencia Egipcia.

Sadat sería encarcelado dos veces por sus actividades revolucionarias durante la Segunda Guerra Mundial. Esto fue precisamente por sus esfuerzos para obtener ayuda de los Poderes del Eje (Italia y Alemania) para expulsar a los Británicos. Después de su salida de prisión, se volvió a conectar con Nasser solo para descubrir que su movimiento había crecido considerablemente durante los años en que estuvo encarcelado. El 23 de Julio de 1952, la Organización de Oficiales Libres derrocó al Rey Farouk y puso fin a la monarquía Egipcia en un golpe de estado militar que lanzó la Revolución Egipcia de 1952. A partir de entonces, se convirtió en ministro de relaciones públicas de Nasser y teniente de confianza. El Sadat trabajador y centrado cumpliría la orden de Nasser de supervisar la abdicación oficial del Rey Faruk.

Fue durante los años de poder de Nasser que Sadat

aprendió el peligroso juego de construir una nación en un mundo de rivalidades de superpotencias. Condujeron a Egipto a convertirse en un estado "no alineado", lo que convirtió al país del norte de África en una de las naciones líderes que las sociedades subdesarrolladas y postcoloniales admiraban. Nasser y Sadat sobrevivirían a la guerra de 1956 después de que Nasser nacionalizara el Canal de Suez, lo que llevó a los Británicos, Franceses e Israelíes a lanzar un ataque contra Egipto en un intento por arrebatar el control del canal de manos Egipcias. La guerra de 1956 solo terminaría después de que los Estados Unidos de América obligaron a Gran Bretaña, Francia e Israel a retirar sus fuerzas de Egipto. Los dos camaradas aprovecharon la guerra hasta el punto de que Egipto emergió de esa guerra como un campeón de los países no alineados para resistir a las grandes potencias.

****

La prominencia de Nasser recibiría una paliza de la debacle de la Guerra de los Seis Días de 1967 cuando el ejército Israel destruyó por completo a las fuerzas aéreas Egipcias e incapacitó al ejército Egipcio al matar al menos a 3,000 soldados y ocupar la península del Sinaí hasta el Canal de Suez. El resultado de la guerra ejerció presión sobre la economía Egipcia y casi llevó a la bancarrota al gobierno. Lo que fue aún más desalentador para Nasser fue la creciente desunión entre las disputas naciones Árabes y los crecientes movimientos Palestinos. Su muerte el 29 de Septiembre de 1970, a causa de un ataque al corazón, se debió a su salud en declive causada por la derrota de Egipto en la guerra Árabe-Israelí de 1967.

Llamado "caniche negro de Nasser" por algunos Egipcios de alto rango, Sadat fue subestimado cuando sucedió a Nasser. Sin embargo, durante los siguientes 11 años demostró ser un astuto líder de su pueblo. Cuando ofreció abiertamente a los Israelíes un tratado de paz a cambio de la península del Sinaí capturada por Israel en la guerra de 1967, muchos, especialmente en el mundo Árabe, quedaron desconcertados. Aun así, superaría la crisis interna y las intrigas internacionales que plagaron su presidencia. Haría que la Unión Soviética lo tomara en serio expulsándolos después de que no pudieron reponer los suministros militares agotados de Egipto, y luego reparando las relaciones con ellos nuevamente.

Antes y después de la Guerra de los Seis Días, 1967

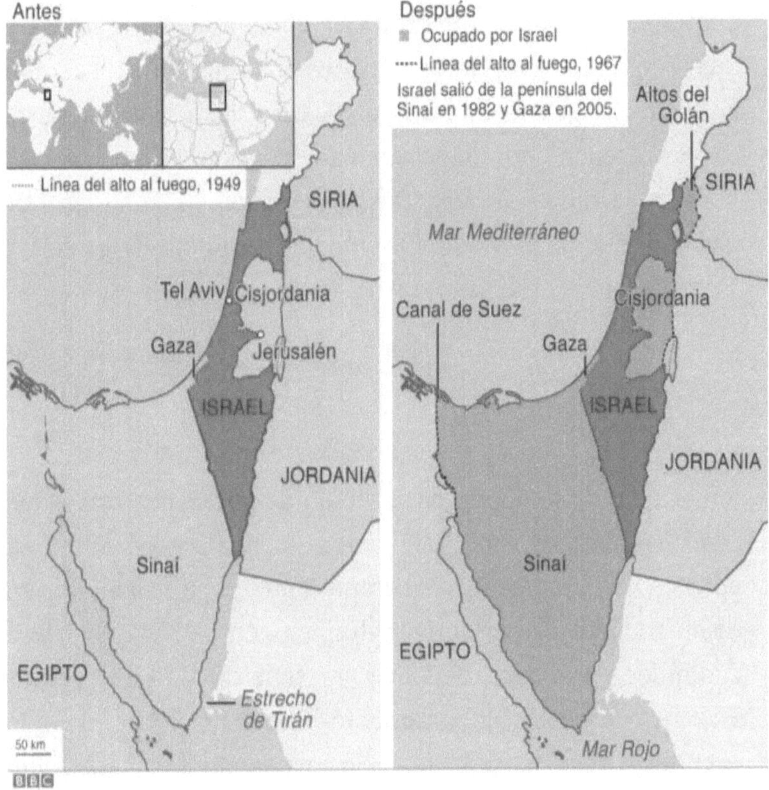

Cuando el 6 de Octubre de 1973, Sadat atacó a Israel en un intento por recuperar la península del Sinaí después de que el estado Judío continuara rechazando la iniciativa de paz Egipcia, fue su mayor apuesta militar y política. Casi valió la pena ya que la excelente precisión militar permitió al ejército Egipcio cruzar el Canal de Suez de regreso al Sinaí, donde comenzaron a empujar al ejército Israelí al desierto. Aunque los éxitos durante la guerra fueron de corta duración y gran parte de las ganancias del ejército Egipcio se revirtieron, el ataque creó un nuevo impulso para la paz en Egipto e Israel, ya que ambos estados salieron de la guerra cansados de la guerra, con economías maltratadas y una sensación de cuán cerca estaban de la ruina. Sin embargo, la guerra llamó la atención y las preocupaciones de la comunidad internacional, especialmente de los Estados Unidos de América, que temían una mayor inestabilidad en el Medio Oriente y África del Norte.

****

Sadat salió de la guerra convencido de que la paz con Israel cosecharía un enorme "dividendo de paz", y así inició su apuesta diplomática más importante al afirmar en un discurso ante el parlamento Egipcio en 1977, que iría a cualquier parte para negociar un acuerdo de paz con los Israelíes, incluso al parlamento Israelí. Los Israelíes lo aceptaron con sus palabras con una invitación para hacer precisamente eso: dirigirse al parlamento Israelí conocido como la Knéset, algo que hizo, iniciando así un nuevo impulso para la paz que eventualmente culminaría en los Acuerdos de Camp David de 1978 y Egipto e Israel firmaron un tratado de paz final en 1979. Él y el primer ministro Israelí Menachem Begin ganarían el Premio Nobel de la Paz ese año por sus esfuerzos para lograr la paz entre sus dos estados.

El 26 de Marzo de 1979, la firma del histórico tratado de paz entre Israel y Egipto en la Casa Blanca en Washington DC. De izquierda a derecha: Anwar Sadat, Jimmy Carter, Menachem Begin

A pesar de que el tratado de paz con Israel hizo posible que Egipto recuperara el Sinaí y que el país recibe asistencia de Occidente en forma de ayuda extranjera, especialmente desde los Estados Unidos de América, asistencia que ha estado ayudando a la economía Egipcia a recuperarse e incluso prosperar, salió de Egipto rechazado por el resto del mundo Árabe. La comodidad de Sadat con Occidente y el tratado de paz con Israel también suscitaron una gran oposición interna, especialmente entre los grupos musulmanes fundamentalistas del país. A pesar de que mejoró la vida cotidiana del Egipcio común, aunque hizo de la Sharía la base de todas las nuevas leyes Egipcias, y aunque trató de restablecer la calma en la nación promulgando leyes que prohibieran la protesta, el fundamentalista Musulmán no estaría satisfecho.

Fue esa insatisfacción la que condujo al asesinato de Sadat el 6 de Octubre de 1981, durante un desfile militar celebrando el exitoso cruce de Suez por el ejército Egipcio durante la Guerra de 1973 contra Israel. Su vicepresidente, Hosni Mubarak lo sucedería.

Tres Estados Unidos Presidentes — Gerald Ford, Jimmy Carter y Richard Nixon asistirían al funeral de Sadat. El único jefe de Estado Árabe en rendir su último honor al líder Egipcio asesinado fue Gaafar Nimeiry de Sudán, una medida que le costaría caro, ya que los islamistas lo derrocarían el 6 de Abril de 1985.

A pesar de que el audaz paso de Sadat para hacer las paces con Israel le costó la vida y condujo a la expulsión de Egipto de la Liga Árabe, abrió la puerta para futuras negociaciones entre Israel y el resto del mundo Árabe, haciendo posible los Acuerdos de Oslo entre Israel y la Organización para la Liberación de Palestina (OLP) que se firmó en 1993. La firma del tratado de paz entre Israel y Jordania en 1994, que convirtió a Jordania en el segundo país Árabe en concluir la paz con Israel, debe mucho a la paz pionera que Sadat llevó a Egipto firmar con Israel Hoy, Israel ha desarrollado lazos no diplomáticos con varios otros países Árabes, y es reconocido por varios países musulmanes.

Sadat es honrado en Malasia, donde es un Gran Comandante honorario de la Orden del Defensor del Reino.

****

Hoy, casi cuatro décadas después de la muerte de Anwar Sadat, si le preguntas a los Egipcios que lo conocieron, experimentaron su gobierno o aprendieron sobre su historia de vida sus opiniónes sobre su vida y muerte, es probable que obtengas reacciones encontradas como respuestas a algunos de los puntos de vista sostenidos sobre un hombre fascinante que dirigió un país complejo durante un período complicado en la historia de la región más problemática del mundo. Sin embargo, las emociones que verá en sus rostros serían aquellas que reflejan respeto, gratitud y dolor.

La mayoría de los Egipcios seculares abrazan su legado, sosteniendo que era un líder atrevido, un visionario, un realista, un pragmático, una persona humana y un verdadero patriota sin el idealismo.

Sin embargo, la mayoría de los que piensan que dejó un legado negativo, creen que traicionó la causa Árabe haciendo una paz separada con Israel, que solo promete más violencia en el futuro, y que la prosperidad que prometió seguiría a la firma El acuerdo de paz Egipcio-Israelí en Camp David, en los Estados Unidos de América fue sobrevalorado. De hecho, hay otros Egipcios que van tan lejos como para atacar los fundamentos de su carácter, alegando que con frecuencia era engañoso, vanidoso e indolente, y que incluso jugó el bufón de vez en cuando, especialmente a sus superiores.

Si bien la mayoría de los expertos están de acuerdo en

que el predecesor de Sadat, Gamal Abdul Nasser, reunió los ladrillos para la fundación del Estado Egipcio moderno, otra opinión popular es que Sadat completó la fundación del Egipto moderno y moldeó el desarrollo interno y externo del país — socioeconómico y político en de una manera muy fundamental, colocando a Egipto en una trayectoria que casi ningún otro líder o movimiento político Egipcio puede alejarlo. Y lo hizo en un momento en que la mayoría de los regímenes Árabes habían caído en la "degeneración moral y política", liberando así a Egipto de sus políticas en bancarrota.

Los críticos de Sadat, especialmente los más duros como los islamistas (la Hermandad Musulmana en particular) sostienen que era represivo y lo responsabilizan por dificultar que la democracia eche raíces y crezca en Egipto. Algunos de ellos incluso lo consideran un administrador incompetente que se burló de la ley al reprimir a sus oponentes reales o imaginarios, y que fomentó la corrupción entre sus círculos internos y externos.

No importa qué posición tome una crítica de Anwar Sadat, una cosa que eso no puede ser disputado es el hecho de que heredó un Egipto de Gamal Abdul Nasser que fue parcialmente ocupado por Israel, derrotado, en bancarrota, muy dependiente de la Unión Soviética; y lo dejó como un país más vibrante y seguro.

Algunos expertos sostienen que Anwar Sadat fue un visionario que entendió que la paz con Israel era inevitable, que el resto del mundo Árabe y el resto del mundo Musulmán llegarían algún día y harían las paces con Israel, y que cuanto más rápido se haga, sería mejor. No pudo convencer a sus contrapartes Árabes y musulmanes en el momento a unirse a él en sus propuestas de paz, por lo que fue solo y concluyó un tratado de paz con Israel que trajo dividendos a Egipto, pero eso le valió el resentimiento de los mundos Árabe y Musulmán.

Hoy, Anwar Sadat está reivindicado. Israel se ha fortalecido militar, económica y socialmente. Su población casi se ha cuadruplicado y está más arraigada en Cisjordania y en los Altos del Golán que antes. Por el contrario, las posiciones de los mundos Árabe y Musulmán frente a la paz con Israel han evolucionado, hasta el punto de que la opinión predominante es que se han suavizado enormemente. La destrucción de Israel ya no es una posición dominante, y los temas anteriormente tabúes ahora son objeto de negociación. Sin embargo, como se destaca, las realidades sobre el terreno en Israel y los territorios ocupados de los Altos del Golán, Gaza y Cisjordania están cambiando cada día a favor de aquellos Israelíes que están en contra de un acuerdo que involucra el comercio de tierras capturadas en 1967 guerra por la paz con sus vecinos. Estos son en su mayoría Israelíes de derecha que eran una minoría en la década de 1970, pero cuyo número ha aumentado cada día.

La Medida de Libertad de los Países del Mundo

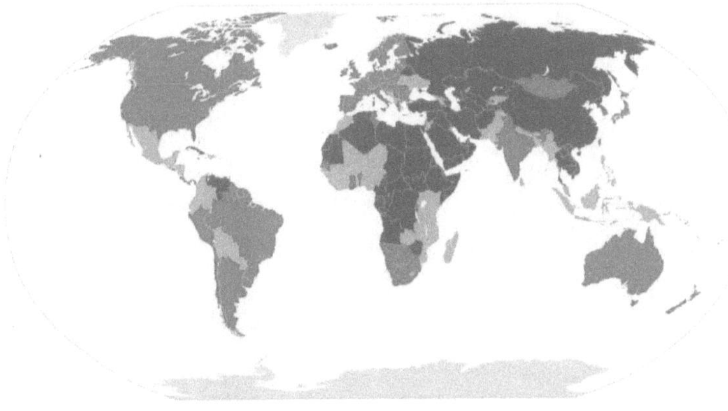

 Libre   Parcialmente Libre Sin Libertad

Mapa Político de los Países Africanos

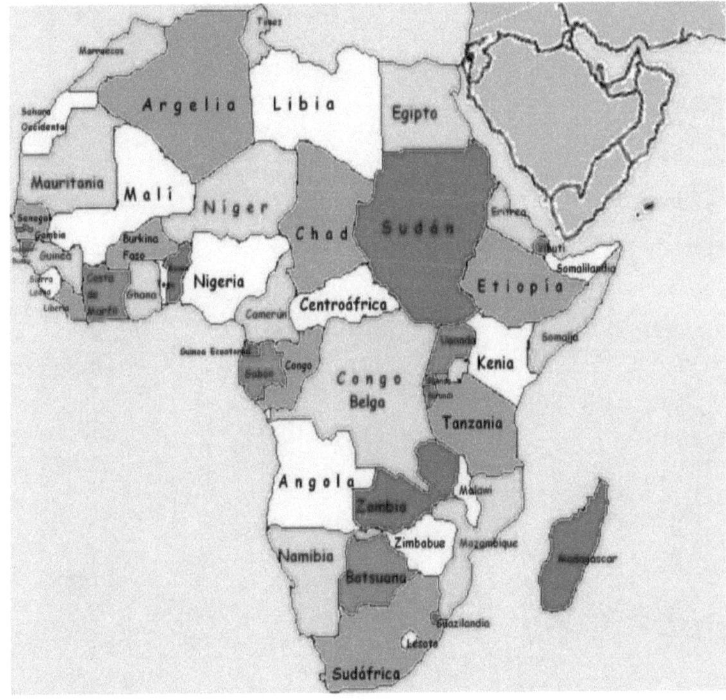